働かないニッポン

河合 薫

日経プレミアシリーズ

プロローグ　「働き損」の国

この本のタイトルは『働かないニッポン』。手にとってくださった人の中には、「そんなわけないだろう」と口を尖らせたり、「街を歩いてみろ！　みんな必死に働いてるぞ」と頬を膨らませたり、「世界に誇る長時間労働国だぞ！　ん？」と自慢していいものかどうかと迷いつつも不機嫌になったりする人もいるかもしれません。

はい、おっしゃるとおりです。日本人はよく働きます。高度成長期には海外から「働きバチ」と揶揄《やゆ》されるほど働き、バブル期には「24時間働けますか」を合言葉に、ジャパニーズビジネスマンは勇気のしるしをアタッシュケースに詰め世界を飛び回りました。

日本経済が低迷してからも日本人の勤勉さは注目され続け、２０１６年にニューヨーク・タイムズに掲載された「Napping in Public? In Japan, That's a Sign of Diligence.（公衆の面前で昼寝？　日本では、それは勤勉の証しである）」という微妙なタイトルの論考で使われた

「inemuri（いねむり）」は、会社や上司に尽くす日本人の真面目な働きぶりの象徴として知られるようになりました。[*]

しかし、その勤勉な日本人の国で「なんで？」的な出来事が相次いで起きています。大阪・関西万博の建設は遅れに遅れ、計画どおり開催できるかが危ぶまれ、政府肝煎りで発足したデジタル庁でマイナンバートラブルが続発し、個人情報保護委員会の立ち入り検査が入る事態に発展しました。

10年前、２０１３年の国連総会で時の総理大臣が〝Society Where Women Shine〟（女性が輝く社会）と連呼していたのに２０２３年秋の副大臣・政務官の人事を伝えるニュースでは「初の女性起用ゼロ」という見出しのオールおじさんニコニコ写真が出回り、２０２３年の年初めに経営者たちはこぞって「今年は賃上げの年だぞ！」と意気揚々と話していたのに、１年経っても庶民の懐はちっとも温かくなりません。

日野自動車では不正が次々と明らかになり、ほとんど売れる車がなくなるという前代未聞の事態に陥り、これまた前代未聞の不祥事を起こした日本大学は、３年連続で私学助成金の交付を見送られました。

なぜ働き者の国であるはずの日本で、このような事態が起きるのか。
これらはすべて、権力を持つ社会階層最上階のスーパー昭和おじさん・おばさんの怠慢です。はい、ただの怠慢です。

世間では役職定年でやる気が失せた現場の「昭和おじさん」（別名・働かないおじさん）ばかりに注目が集まりがちですが、はるかに問題なのは、大きな組織の最上階の椅子をゲットした「スーパー昭和おじさん・おばさん」です。

彼らは自分の生き方や考え方に絶対的な自信を持っていることに加え、〝肩書き〟の力で企業やら政府やら大学やらの枠を超えて関わりが深いので、お互いの利益だけに目が眩《くら》み、大局を見ることをおろそかにしがちです。

＊　Inemuri —— The Japanese Art Of Sleeping At Work
https://www.ecosa.com.au/blog/post/inemuri-the-japanese-art-of-sleeping-at-work.html

階層最上階のスーパー昭和おじさん・おばさんがやるべきことをやらず、変えるべきところを変えず、花火だけを打ち上げ続けた末路が、現在の「働かないニッポン」なのです。

「仕事に熱意のある社員、わずか5％」の衝撃

「『仕事に熱意』日本5％」

2023年6月15日付の日本経済新聞朝刊に、こんな衝撃的な見出しが踊りました。

記事によれば、

「米ギャラップが13日まとめた「グローバル職場環境調査」によると、仕事への熱意や職場への愛着を示す社員の割合が、日本は2022年で5％にとどまった。サンプル数が少なくデータがない国を除けば、調査した145カ国の中でイタリアと並び最も低かった」

（日本経済新聞朝刊2023年6月15日付「『仕事に熱意』日本5％」）

世界と日本の差は広がる

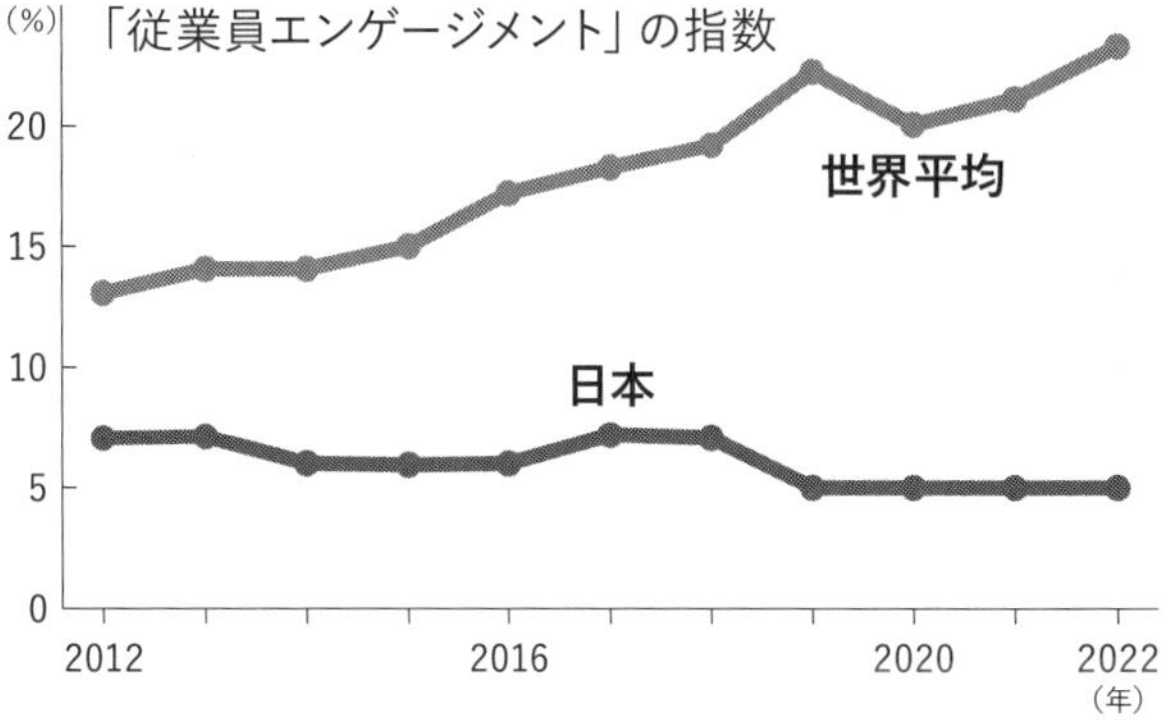

出所：米ギャラップ、日本経済新聞朝刊 2023 年 6 月 15 日付「『仕事に熱意』日本 5%」掲載図

私はこれまで「働かないおじさん・働きたくない若者」問題を、著書やらコラムやらで頻繁に取り上げてきましたが、「仕事に熱意」というフレーズで、世界における日本のポジションを突きつけられると「どうしたんだ、日本人！」と会社員の肩をガッツリつかんで、「しっかりしろ!!」と叫びたくなりました。しかも、紙面に掲載されたこちらの図はあまりに衝撃的。言葉を失いました。世界平均は過去最高の23%だったのに、日本は4年連続の横ばいで、地を這うような数字が続いている。わずか5%。社員の20人にたったの1人です。

しかし一方で、この結果を健康社会学的に捉えると、実に理にかなっています。申し遅れましたが、私は健康社会学を専門としています。健康社会学とは「人は環境で作られ、人は環境を変えることもできる」との前提で人と環境の相互作用に着目し、人の幸福感や生きる力を科学的に研究する学問です。

「私」は「私」が考える以上に環境の影響を受け、自分と社会のつじつまが合ってこそ人は前向きになれます。それは「頑張れば報われる社会」であり、「頑張った甲斐があったね」とみんなで祝福しあえる社会であり、「助けて！」と声をあげられる人間関係であり、「世界は最終的に微笑んでくれる」という確信です。

それらが今の日本では著しく欠けてしまいました。階層最上階の「スーパー昭和おじさん・おばさん」の怠慢で、どの組織も、つじつまの合わない、腑に落ちないことだらけです。

人間には本能的に「より良く生きたい、より良い自分になりたい」と思う傾向があるのに、それが実現できない。会社に期待されているようで期待されていないし、居場所があるようで居場所がない。そんな心のくすぶりが日本人たちの仕事への熱意を低下させてしまったのではないかと思うのです。

つまり、5%という心許《もと》ない数字は、働く人の問題であって働く人の問題ではない。環境の問題です。

実際に、日本企業の経営者が「モチベーションが低くて困る」と頭を抱えるシニア社員が、海の向こうでモチベーションを高め、大活躍している例があります。

2023年の春頃だったと記憶していますが、日本のシニア技術者の人気が海外で高まっている、というミニ特集が朝のニュース番組で報じられていました。

「今までやりたいと思っていてもできなかった開発が全部できる、挑戦できる。非常にありがたいし、実際に本当に楽しいです！」

イキイキとした笑顔でこう話す日本人シニア技術者は日本の大手メーカー出身です。日本で冷や飯を食わされていた日本人技術者が、海外の企業の生産性を向上させる最強の戦力になっていました。

番組では、男性が勤める海外企業のトップが「40年近く同じ会社に勤めていたので、技術の蓄積が非常に深い」と評価するコメントも紹介されていました。

日本企業のお偉い人たちが嫌い、日本企業の生産性低下の原因とする長期雇用が日本人技術者の価値を高め、海外企業の「あなたの能力を最大限発揮してください！」という「私」への期待と信頼がシニア社員のハートに火をつけた。

先の男性が「日本企業にいる時は、〝関門〟みたいに偉い人がたくさんいた」とコメントしていたのには失笑してしまいましたが、熱意は「自分の存在を認めてくれる」環境があってこそ生まれる感情なのです。

日本人から消えない「働かされ感」

仕事には「潜在的影響（latent consequences）」と呼ばれる、経済的利点以外のものが存在します。1日の時間配分、生活の安定、日常的な身体及び精神的活動、他人との規則的な接触、家族以外のコミュニティへの参加、自由裁量及び能力発揮の機会、他人を敬う気持ち・他人から敬意を示される機会などで、これらの潜在的影響は人の心を元気にし、人に生きる力を与えます。

例えば、賃金の低い不定期な仕事であっても、働いている人は働いていない人より活動的で自立心が高く、精神的に安定していることが分かっていますし、いったん職を失った人でも再び仕事を得た場合、たとえ経済的状況が改善されなくとも、精神的健康度が向上することは多くの調査で一貫して報告されています。人のメンタルヘルスと精神的成熟に「仕事」は重要な役割を担っているのです。

しかし、今の日本ではどうでしょうか。仕事はただの「おカネを稼ぐための手段」になっているのではないでしょうか。

実際、私たちは「働かされている」「やらされている」という言葉を頻繁に使います。なぜ、働かされていると言ってしまうのでしょう。

かれこれ5年ほど前に、アメリカで金融関係の会社を渡り歩いている学生時代の友人が帰国し、久々に同級生で集まりました。話題はもっぱら仕事のこと。昭和おじさん・おばさんは大いに盛り上がりました。

「パイロットもさ、人手不足でひどい働かされ方してるよね～」

「医者も同じだよ。肉体に鞭打って働かされてま〜す」

「娘が入った会社が、結構なブラックでさ。かわいそうなくらい働かされてるよ」

などなど、不満は尽きません。

すると帰国した彼が、突然、こう切り出しました。

「ねぇ、さっきから言ってる『働かされている』ってどういうこと？」と。「自分のありたい姿に近づきたかったり、成長したかったり、たくさん稼ぎたかったりするから働くんでしょ？　なんで『働かされ』なきゃならないの？」と私たちに問いかけました。


いつだって「外のまなざし」は、内側の「おかしい」を教えてくれます。海の向こうでは頑張って働けば会社はちゃんと評価してくれるし、「これをやってみたい」と手をあげればチャンスをくれるのです。

「仕事は人生を豊かにする成長の場」という共通理解が社会にあるからこそ、働く人は主体的に動き、会社はいくつもの教育プログラムを用意し働く人に投資する。働く人にも経営者にもそれぞれの義務があり、それぞれが責任を果たせば会社も働く人も成長します。

「働き損社会」の慣れっこになってしまった私たち

さて、「働かされている」と言ってしまう理由がお分かりいただけましたね。

いつからか私たちは「働き損社会」の慣れっこになってしまったのです。私たちは本来、頑張ったら、ちゃんと評価されなくてはいけないにもかかわらず、です。

年功賃金と年功序列が担保されていた時代はまだよかった。「今の頑張り」が将来的な地位と給与で補償されていました。しかし、今では人口ピラミッドが変わり，年功賃金や年功序列では企業が回らなくなり、50歳過ぎたらお荷物扱いされ、どんなに頑張ったところで見返りはありません。自由裁量や能力発揮の機会もなければ、キャリアを積んできた社員の業務上の貢献や協調性に敬意を示し、評価することもありません。

本来、経営とは「人の可能性」を信じることであり、人の可能性を最大限に引き出すために会社は人に投資するのに、残念ながら今の日本企業は「可能性という目に見えない力」をないがしろにしている。

経営者は好んで「自立」や「自律」という言葉を使いますが、社員が受け身になるような経営しかしていません。賃金の低さばかりが問題視されていますが（もちろんこれも大問題ですが）、事態ははるかに深刻なのです。

社会問題が注目されても１日で沈静化する

この数年、日本は「衰退途上国」と不名誉な呼ばれ方をされるほど、世界からおいてけぼりにされています。

２０２３年10月には１ドルが１４９円の安値をつけ、テレビ各局が海外で暮らす日本人の節約ぶりを報道。「ランチ代が高くてとてもじゃないけど払えない」と毎朝ご飯を炊きラップに包み、職場に持って行くロンドン赴任中のテレビ局員の日常はあまりにも寂しすぎました。

国際通貨基金（ＩＭＦ）によれば、２０２３年の名目国内総生産（ＧＤＰ）で日本が世界3位から4位に転落することが確定したとか。１年前から予測されていたとはいえ、１９６８年に当時の西ドイツを抜いて世界2位の経済大国に上り詰めたのに、２０１０年には中国に抜かれ、半世紀を経て再びドイツに逆転されるとは、やはり寂しすぎます。

しかし、それ以上に寂しいのは「国をなんとかしなきゃ」という熱が、社会に感じられないという現実です。

「日本ヤバいよね」「日本は貧しい国になってしまったね」という声はあちこちで聞かれるのにどこか他人事。当事者意識が感じられないのです。

数年前までは、まだ、人々は社会に関心を持っていました。

非正規雇用者の不安定かつ低賃金問題、中高年を対象にした希望退職という名のリストラ、シングルマザーの貧困問題、無間地獄と化している就職氷河期世代問題、介護職の人手不足と低賃金問題などなど、問題や事件が起きるたびにメディアは連日連夜、大々的に取り上げました。私自身コラムなどで取り上げ、背景をひもとき、自分なりに考えた打開策を書き綴りました。読者の反応も「なんとかしなきゃ!」というものがほとんどでした。あの頃は社会に「私」があったし、「明日は我が身」という危機感がありました。

世界ランキング問題も然《しか》りです。「日本の生産性は先進国最低だぞ」「日本は女性活躍ランキングでビリだぞ」「日本の若者の自殺率は先進国で一番多いぞ」「世界時価総額ランキング、1社しか入ってないぞ」「このままじゃ競争に勝てない。なんとかしなきゃ！」とそれはもう大騒ぎでした。

ところが今はどうでしょう。ニュースになった日に大騒ぎしても、次の日には何事もなかったかのように社会が動いている。「私」は「社会」の一員なのに、まるでお客様のよう。いわば「一億総モラトリアム社会」です。

なぜ、批判や論評をする「だけ」なのか？

一億総モラトリアム社会では、人々は社会から距離を置き、批判や論評はしても自ら主体的に関わろうとしません。「働かされている」と無自覚に言ってしまうのと同じような、受け身の心理が日本社会全体に広がっているのです。

そもそも政府や企業が打ち出す政策が小手先だけの「傷口にばんそうこう」を貼るようなものばかりですから、むやみに手を出すと大怪我するリスクが高い。それなりに受け入れて、関わらない方が無難かもしれません。しかし、社会への帰属意識が希薄になったことで、極めて利己的な方向に社会が向かった。そう思えてなりません。

一方で、格差は固定化し、「上級国民・下級国民」という言葉まで生まれ、自分の努力など全く役に立たないように感じられる時代です。こんな状況では自分一人が頑張ったところで、社会が変わるとは到底思えません。

それでいて社会にあふれる、誰が決めたかも分からない「普通」やら、「正解」ばかり追いかけている人がいる。お客様的存在を望んでいるのに、社会に縛られている。利己的なのに「私」が「私の中」にではなく「私の外」にあるというパラドクスが生じています。

しかし、一番の問題は「自分が主体的に日本の社会問題に関わっていない」ことを多くの人が自覚せず、外野から石を投げ、あたかも自分は社会の問題に向き合っているかのような気分になっているという残念なリアルです。

当事者や当事者意識を持った人が政府や企業の小手先政策を批判すると、「批判するばかりじゃないか」「対案を出せ」と攻撃する。「クオータ制を取り入れた方がいい」と提案するだけで、「男女差別だ」「じゃあ、お前が政治家になれ」と攻撃する。生活に苦しい人が「お米も買えない」と嘆くと、「だったらパンにすればいい」「カネの使い方が悪いだけだろ」と攻撃する。散々攻撃するだけ攻撃して、これまた次の日には何事もなかったように、「次の叩くべき人」に石を投げるのです。

だからなんだかとても生きづらい。本当の生きづらさの原因は、社会構造に責任を負うべき階層最上階の人たちの一部にあるのに、自己責任論ばかりが蔓延《はびこ》っている。おかげで弱い立場にいる人ほど「自分が悪いんじゃないか」「自分の頑張りが足りないんじゃないか」と感じてしまう社会になってしまいました。

いつだって社会の歪みはまっさきに立場の弱い人に向かうのです。

一億総モラトリアム社会に向かった本当の理由

日本を一億総モラトリアム社会に向かわせたものは何か?

私は「有意味感の欠損」に尽きると、あえて断言します。「自分が存在する意味＝自分への自信・自分の仕事への誇り」を持てない社会構造にこそ原因がある、と。

「有意味感（meaningfulness）」は「ストレスや困難は自分への挑戦で、立ち向かうのに意味がある」と思える感覚で、「意味がある」という感覚は自分がやっている・携わっている仕事などに向けられることもあれば、自分の存在意義そのものに向けられることもあります。

有意味感が高まると「自分は何者で、なぜそこにいるのか？（＝自己アイデンティティ）」が明確になるため、帰属意識が高まります。

また、有意味感の高い人には「自分が動けば必ず何かに出会う、何かが起こる」という環境と共存するたくましさが内在するので、本意ではない環境に身を置くことになっても主体的に動くことができます。たとえそれが「私」の問題じゃなくても、「集団の一員である」という意識があるため、誰かのために動くのをいといません。


有意味感の形成に大きな影響を及ぼすのが、他者からの「あなたは大切な人」というメッセージです。具体的には「自分を認めてくれる人がいる」「自分はここで能力を発揮できている」「自分は他者の役に立っている」という経験です。

ところが今の日本にはそれがない。50歳を過ぎた会社員は周りから「給料は高いのに使えない」と陰口を叩かれ、20代の若者は「美化されすぎたZ世代のイメージ」に気後れし、30代はどうせ頑張っても「40、50代になったら会社に捨てられる」とやる気をなくし、40代は社会のご都合で「就職氷河期世代」にさせられ無間地獄を生かされている。

おまけに、たびたび報じられる高齢者の介護問題は、「人の手を借りるようになったら、生きていちゃいけないんだ」と思わせるようなものばかりです。

20代エリート女性が抱えていた有意味感の欠損

有意味感の欠損を痛感する出来事がありました。

人的投資をテーマにしたパネルディスカッションにパネリストとして参加した際、最後に一言コメントを求められ、私は「あなたをちゃんと見てるよ、ちゃんと分かってるよ」という気持ちを声に出して、半径3メートルの部下や同僚にたった一言でいいからメッセージを送ってほしい、愛をケチらないでほしい、とコメントしました。

パネルディスカッションの終了後、20代中頃と思われる女性が、私を追いかけてきました。

「あの、私、オノ・ヨーコさんの『You Are Here（ユー・アー・ヒア）』という歌があるんですけど、それをパソコンのスクリーン（背景画像）にしていて。

……ありがとうございます。最後の言葉が聞けて、よかった」

と、言葉を詰まらせながら名刺を出しました。

そこに書かれていたのは、誰もがうらやむような肩書きです。彼女は社会的地位の高い企業に勤め、花形部署で働き、社会的にも会社の中でもエリートの地位を手にしていました。なのに「心にぽっかり穴が空いてるような虚しさ」を抱きながら働いていた。You Are Here……「私はここにいるんだ!」と叫びたかったのです。

本来、「仕事=work」は「私」という存在の表現であり、生きる力の源です。それが日本社会にない。

「自分が存在する意味=自分への自信・自分の仕事への誇り」を持てない日本の社会構造の問題こそが、この本のタイトル『働かないニッポン』の真意です。

そこで本書では、「働き損」と思わせる社会構造が生まれた背景をひもとき、仕事の現場で起きている出来事を見ていくことで、改めて「働くことの意味」を考えます。トルストイは「One can live magnificently in this world if one knows how to work and how to love.(働き方と愛し方を知る者は、豊かな人生を送ることができる)」と断言し、フロイトは「love and work ... work and love, that's all there is.（愛と仕事……仕事と愛。それが人生のすべてだ）」という名言を残し、ニーチェは「A profession is the backbone of life.（職業は背骨だ）」としました。

いずれも働くことが生きる力の源であることを説いた名言ですが、ニーチェの profession という言葉には「私が私でいるための仕事」が込められていると私は解釈します。

一度きりの人生を、私らしく、ちょっとだけ熱く、「私がここにいる！　なんかいいかも」と誇りを持って生きてみたい、という方は、本書のページを開いてみてください。

２０２３年12月

河合薫

目次

第2章 中高年無理ゲー社会

狭まる「ジジイゲート」と新・働かないおじさん

「働かないおじさん」を作った張本人
リストラ拡大でささやかれる陰謀論
リスキリングは転職させるための言葉ではない
リストラは仕事か？　潰すのが仕事なのか？
人事権がないのに人事に影響力がある、「大ジジイ」という魔物
「ジジイの壁」を守るための人事異動
大ジジイは情をかけるのがうまい
「長いものに巻かれろ！」が蔓延る組織の末路
急激に狭まった「ジジイゲート」
「トカゲの尻尾切り」はこうして行われる
モラトリアム型働かないおじさんの「お客様根性」
ジジイからの逃走を果たした会社員のその後
何者にもなれなかった中年ヒラ世代
氷河期の正社員化支援、実現は目標の10分の1
氷河期世代は所得の減少幅が最も大きい

第3章

第4章

日本的マゾヒズムの呪縛から逃れる

集団のSOCを高める

用語解説

本書を読み解くキーワード

【一億総モラトリアム社会】

社会や組織に帰属意識がない、他人事の社会。

【スーパー昭和おじさん（おばさん）】

社内競争に勝ち残った昭和おじさん（おばさん）。
ジジイ化しやすい特性がある。

【ジジイ】

性別や年齢に関係なく、組織内で権力をもち、
その権力を組織のためではなく
自分のために使う人たちの総称。

【ジジイの壁】

ジジイたちが築き上げた楼閣。
ベルリンの壁より厚くチョモランマよりも高く、
強度は鉄をはるかに上回る。

【日本的マゾヒズム】

日本人、とりわけ、日本の企業に根付いた精神性で、
上からの命令で、無理難題を押し付けられても、
次第に理不尽が理不尽でなくなってしまい、
逆にそれを望んでしまうような心理状態。

【日本的マゾヒスト】

日本的マゾヒズムに過剰適応した会社員や経営者。
大ジジイや中ジジイ（⇒ P102-103）に多い。

第1章

意欲を奪われる若者たち

初老化する30代と「頑張り損」の社会構造

窓際族を目指す新入社員

数年前、「窓際族」という昭和世代にとって懐かしく、それでいて切ない言葉が若者の間で話題になりました。きっかけは『新社会人よ、窓際を目指せ』（サレンダー橋本著）というタイトルのネット漫画です。

「職場の理想のポジション。それは窓際。働きたくない。社会に貢献したくない。仕事したくない。でも金は欲しい。表情筋が死んでるやばい感じのヤツだけに見える黄金の道を突き進め！」

冒頭でこう記されたストーリーの主人公・逆島は、入社初日に窓際族を目指すことを決意します。雑務課（＝窓際族の配属先）に漂う底辺の空気感と、窓際族のリーダー田辺課長の社会人の誇りを微塵も感じさせないトークに激しく共感し、虜《とりこ》になってしまったのです。

雑務課の存在意義は一般の社員に「あいつらと比べたら自分はまだマシ」と安心感を与え

サレンダー橋本著『新社会人よ、窓際を目指せ』より

ること。田辺課長は「仕事なんて適当で調度良いのよ〜」「年功序列だから年収八百万は貰ってる」「一度きりの人生なんだし楽しんだもの勝ちよ〜?」と豪語し、逆島は「向上心…?　母親の腹に忘れてきたわ」「かつて夢見たユートピアがここにはある…!」と共鳴します。

結構、本質をついているかも?　と思わせる設定で描かれたこの作品が公開されたのは2015年です。リアル社会では窓際=ユートピアは一掃され、追い出し部屋=ディストピアに変わり、大手広告代理店の電通が業績は好調でも従業員の転身を後押しする形で早期退職者募集に踏み切るなど、企業は「50過ぎたらさっさとお引き取り願いたい」という本音を漂わせていました。一方で、「新卒に選ばれる会社にならなきゃ」とホワイト化を進め、エントリーする学生の数を必死で増やし、入社後は上司が「いったいいつまで褒め続ければいいのでしょうか?」と悩むほど、若者をもてはやしました。

そんな中で、この漫画は絶望の国の若者たちのハートをガッツリつかんだのですから、皮肉というか滑稽というか。

しかも、〝意識低い系作家〟と異名をとるまでになった作者のサレンダー橋本（1988年生まれ）さんが「表情筋が死んでるやばい感じのヤツだけに見える」とした黄金の道を、「意識高い系」が歩き始めている可能性が浮上します。

労働政策研究・研修機構の調査で、大企業の椅子をゲットした超勝ち組が、30代に突入するやいなや「窓際族化」している実態が発覚したのです（「大都市の若者の就業行動と意識の変容――「第5回若者のワークスタイル調査」から」）。

「できれば仕事したくない」アラサー正社員が急増中

次ページの図は東京で暮らす25～34歳の働く男女を対象に、2001年から21年まで継続的に実施した調査結果をもとに分析した「若者の働き方や意識の変化」です。

ご覧のとおり、男女ともに「できれば仕事はしたくない」が20年間で著しく増加しています。学生ならまだしも、「これから中堅どころとして頑張ってほしい」と会社が期待する年齢層で仕事離れが急増とはかなり衝撃的です。一方、2001年以降減少傾向だった「今の世の中、定職に就かなくても暮らしていける」「若いうちは自分のやりたいことを優先させた

若者の職業や意識の変化

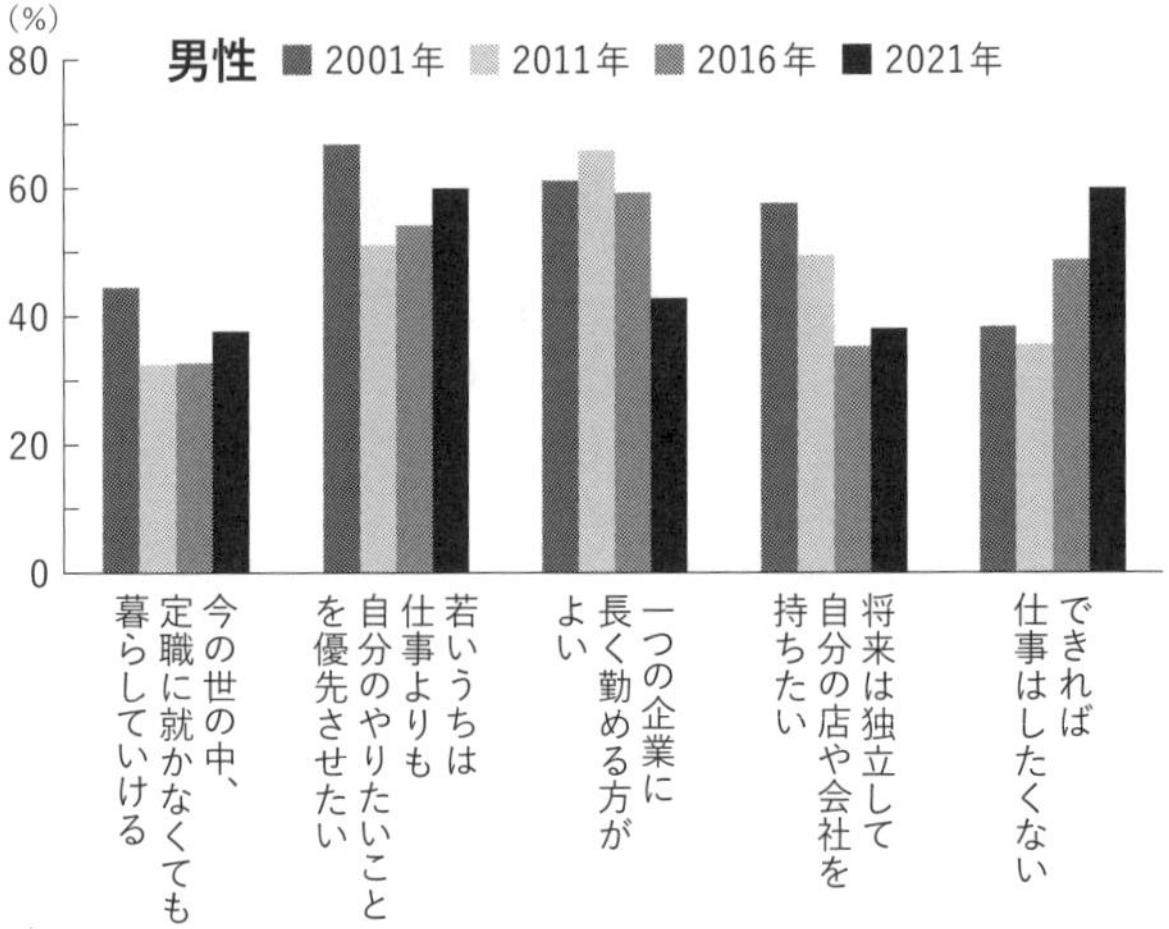

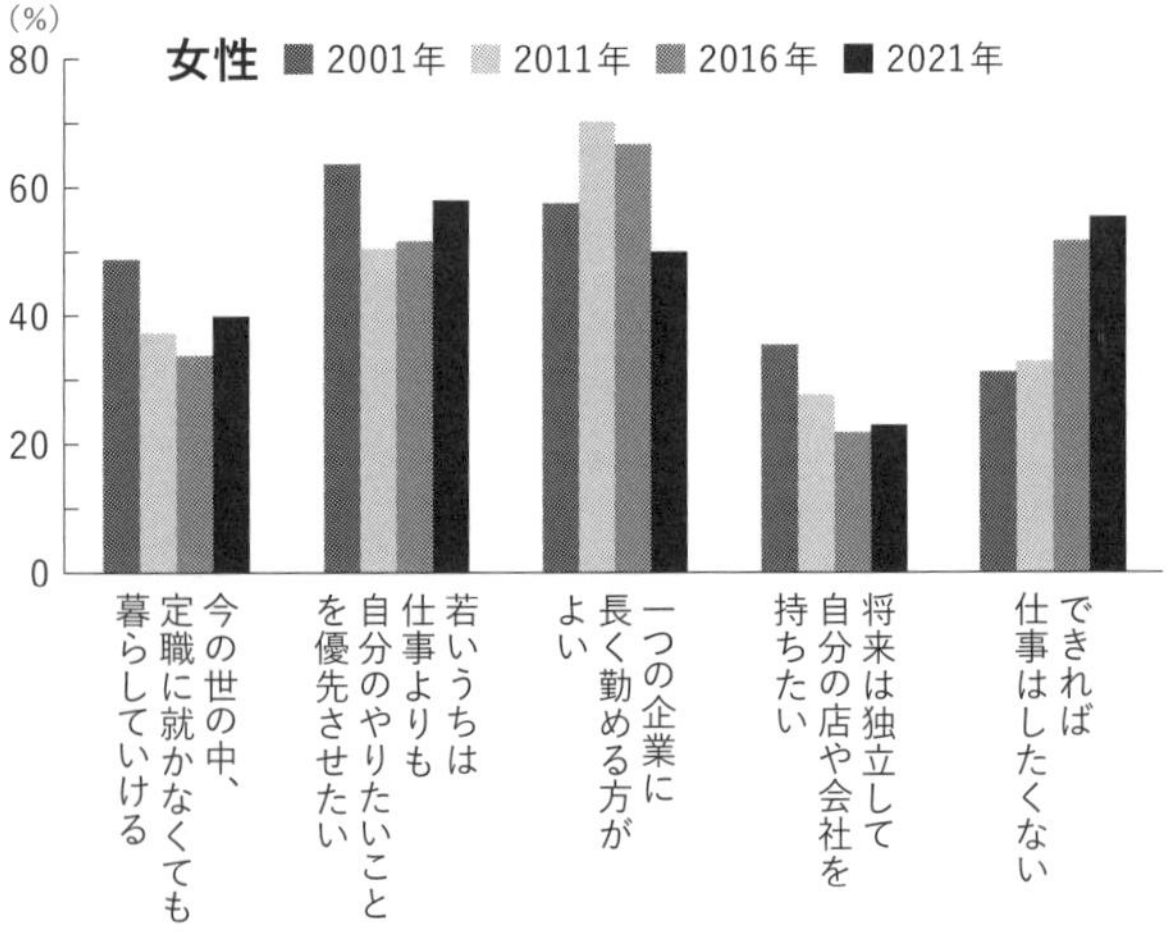

出所：独立行政法人労働政策研究・研修機構労働政策研究報告書 No.213「大都市の若者の就業行動と意識の変容―「第５回若者のワークスタイル調査」から―」

い」の2項目は増加傾向に転じ、「一つの企業に長く勤める方がよい」という堅実化傾向は著しく低下。「将来は独立して自分の店や会社を持ちたい」といった独立志向は下げ止まったままでした。

これらの結果を大雑把にまとめると、「別にいつ辞めてもいいんだけど、独立とか起業とかする気もしないし、ぶっちゃけ、働きたくないわけ。だいたいさぁ、仕事とか、意味分かんなくね？」ってこと。企業が腫れものを触るように接してきた20代後半〜30代前半の若者が、心の中では「働きたくないっつーの」と冷めきっていたのです。

30代で年収７００万円以上の勝ち組が窓際族化

さらに、働きたくない若者を「最初から正社員」と「非正社員から正社員」とで比較した分析では、賃金の高い「最初から正社員」ほどやる気がないことも分かりました（38ページ図）。

正社員のキャリア別・現職への評価

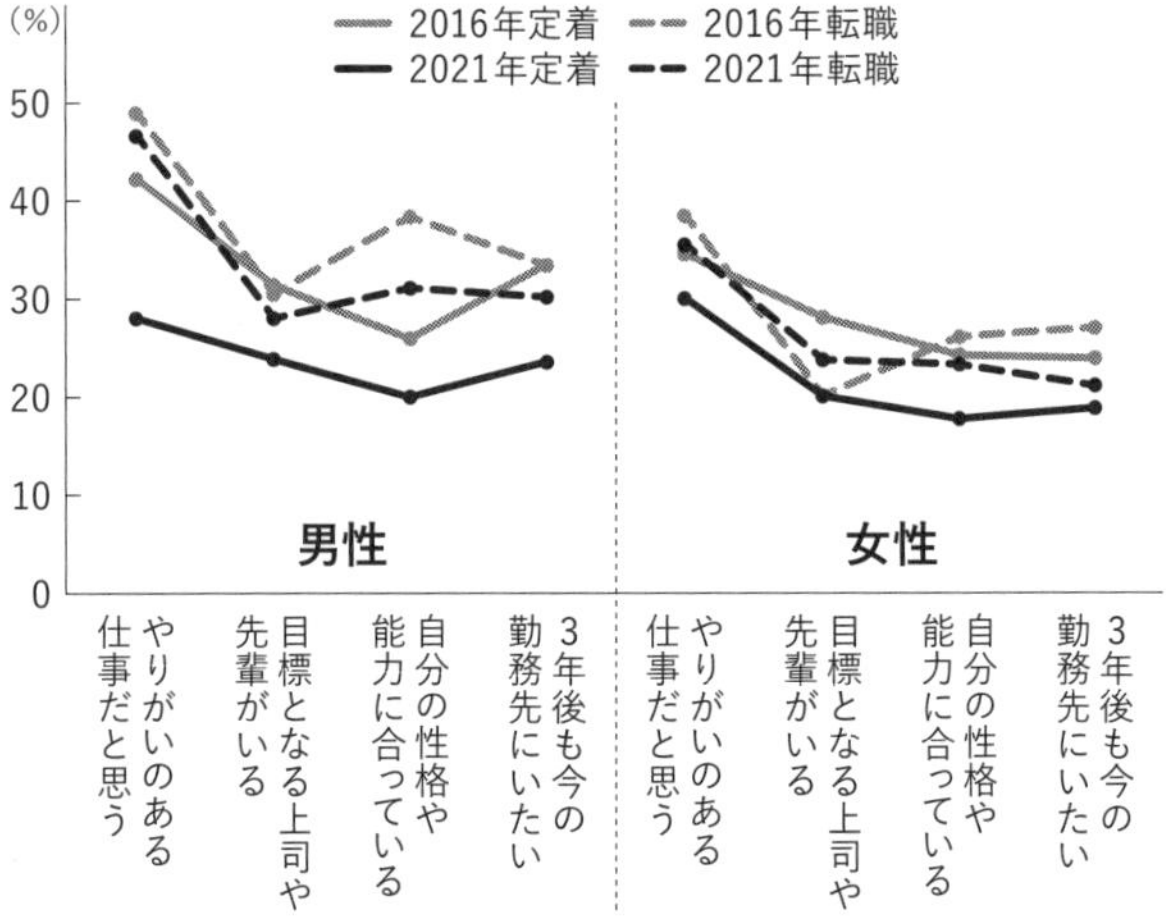

出所：独立行政法人労働政策研究・研修機構労働政策研究報告書 No.213「大都市の若者の就業行動と意識の変容―「第５回若者のワークスタイル調査」から―」

最初から正社員（実線）の場合、「やりがいのある仕事だと思う」とした割合は、男性は41・5％から27・5％に、女性は34・2％から30％にそれぞれ低下。今の仕事は「自分の性格や能力に合っている」は男性は26％から19・6％に、女性は21・9％から19％に下がり、「3年後も今の勤務先にいたい」は男性は32・5％から22・5％、女性は24％から20％へと減少していました。

その半面、「一つの企業に長く勤める方がいい」と考える正社員

窓際族化する“彼ら”の実態

			25～29歳			30～34歳		
			正社員定着	転職・一時他形態	他形態から正社員	正社員定着	転職・一時他形態	他形態から正社員
2021年	対象数		243	103	39	233	136	71
	およその年収（万円）		522.7	474.1	383.3	711.4	633.5	504.7
	週労働時間（時間）		48.1	45.4	44.9	47.5	47.1	45.2
	時間あたり収入（千円）		2.09	2.01	1.64	2.88	2.59	2.15
	年収の対正社員定着者比		―	91	73	―	89	71
	時間あたり収入の対正社員定着者比		―	96	79	―	90	75
	勤続年数（年）		5.0	1.7	3.1	9.6	3.0	5.2
時間あたり収入の対正社員定着者比		2016年	―	101	74	―	95	80
		2011年	―	103	85	―	93	66
		2006年	―	102	79	―	―	―

注：男性・大学・大学院卒
出所：独立行政法人労働政策研究・研修機構労働政策研究報告書 No.213「大都市の若者の就業行動と意識の変容―「第５回若者のワークスタイル調査」から―」

は、「非正社員から正社員」より統計的に有意に高いことも分かりました。

さらに衝撃だったのは、窓際族化している〝彼ら〟の年収です。

本調査の対象者の初職勤務先の企業規模は「1000人以上・公務員」が約6割を占めます。年収は30代前半で711万円（平均）とかなり高額で、非正社員から正社員転身組の504万円より200万円も高くなっていました。

30代で700万円以上を稼ぐ人は1割未満、たったの9・5％で

す（厚生労働省「令和2年賃金構造基本統計調査」）。

また、件の調査で「目標となる上司や先輩がいる」とした人は、男性で30・6％から23・2％へ10ポイント近く低下していました。

大企業の若手エリートは、なにかにつけ上の世代を批判し、脱・昭和を掲げる急先鋒です。その中の「超エリート正社員＝ミイラ取り」がミイラになろうとしているのです。

なぜエリート集団ほどやる気を失ってしまうのか

いったいなぜ、成功の切符を手にした希少な超エリート集団ほど、やる気を失ってしまうのか。

何がなんでも「大企業！」、何がなんでも「正社員！」と、大学進学とほぼ同時にシューカツ、シューカツと散々けしかけられ、就職戦線を必死で戦い、勝ち残り、力尽きた？

その可能性はあります。

あるいは幼少期から「頭がいい」「運動ができる」「いい高校（大学）に行ってすごい」「す

ごい会社に就職した」と散々賞賛を受けてきたのに、会社ではとりあえずは持ち上げられているような気がするけどそれではもの足りない?

その可能性もあります。

はたまた、エリートが内定をゲットする〝すごい会社〟は、○○町の神童だらけですから、初めて「負け」を経験し、自尊心が低下し、グレた?

その可能性も十分にあります。

それとも、はなからやる気などなく、漫画『新社会人よ、窓際を目指せ』の逆島と同じように「向上心を母親の腹に忘れてきた」だけなのかもしれません。

理由は色々考えられますが、なにはともあれとりあえずは30歳になるまで、〝痛勤〟電車に耐え、パワハラに耐え、残業に耐えてきたわけです。となれば、ぜーんぶひっくるめて「仕事がおもしろくない」の一言に尽きるのではないでしょうか。

30代窓際族量産の背景に「組織社会化過程の欠損」

なにせ厳しい競争に勝って勝って勝ちまくって、やっと大企業の正社員の椅子をゲットしたのに「我が社にようこそ！　キミのやりたいことはなんだ？」と歓迎し尊重してくれたのは最初だけ。

入社して半年も経たないうちに一方的に「これやっといて」と大量の仕事を押し付け、「研修は終わった。ひとつよろしく」とすっかり一人前扱いです。「好きにやってみろ。俺が責任とってやるから」と言ってくれる上司でもいれば「よっし。とことんやってみよう！」と思えるのに、そんな男気（女気も）のある人も滅多にいません。

一昔前ならお客さんや取引先も「おっ、新人さんか。頑張れ」と励まし、ちょっとした失敗や気遣いの足りなさも大目に見てくれました。しかし、今は人と人のつながりが薄れ、ビジネスのみの関係が強まっているので新人だろうとなんだろうと容赦ありません。あからさまに仏頂面で対応されたり、「こっちはカネ払ってんだ！」と怒られたり。うまくやったつもりでも後から会社にクレームが入ったり、気が滅入ることだらけです。おまけに、職場の人間関係は希薄化し、仕事を終えた後に一緒に「うまい！」と杯をあげる同志もいなけりゃ、「よくやったな」とねぎらってくれる先輩もいません。

本当は上司や先輩に色々と教えてほしいけど、「そんなことも分からないのか」とダメな奴扱いされるのが怖くて聞くこともできない。時折、親分肌で接してくる上司やおせっかいな先輩もいるけど、同年代としか接した経験がないから、どう関わっていいのかも分からない。現場で学び、現場で悩み、現場で熱くなる経験が「仕事っておもしろい！」の扉を開けるのにその経験を持てなかった。「やった！」と小躍りする経験をできなかった。

キャリア心理学でいうところの「組織社会化過程の欠損」が、30代窓際族を量産してしまった、と私は考えています。

年功序列が薄れたからこその、若者たちの不幸

組織社会化（organizational socialization）とは、「個人が組織内の役割を引き受けるのに

必要な社会的知識や技術を獲得するプロセス」を意味し、新入社員の組織社会化の最大の課題は「役割の獲得」です。

会社で確固たる居場所を得て、自分がやるべきことを見いだし、自分の役割を獲得していくことで新入社員は組織に適応します。このプロセスには最低でも3年、長い場合は10年ほどかかります。

年功序列が当たり前で人員的な余裕もあった時代には、上司が部下を育てる＝組織社会化が自ずと行われていました。「会社と社員の思いが共有されている」という前提のもと、上司＝ベテラン社員は自分のテリトリーに部下＝若い社員を連れ歩きました。部下は上司と行動を共にすることで、仕事のやり方、交渉の仕方、上の人との接し方、ときには酒の飲み方や店員さんとの関わり方まで学びました。上司が部下を育て、先輩が後輩を育てるのは会社員の〝美徳〟でした。

しかし、年功序列が消え、成果主義になり、いつしか「部下も後輩もライバル」になった。部下を飲みにでも誘おうものなら「それって、業務命令ですか？」と真面目に聞かれ、下手すりゃパワハラと言われかねないのでなるべく部下と関わらないようにする上司も増えた。会社はなにかにつけ「後進育成」という4文字を使いたがりますが、社員と会社との関係が変わり、上司と部下との関係も変わらざるをえなくなり、美徳は消滅したのです。

やっかいなのは、「組織の問題が若者の意欲を奪っている」という歴然たる事実に、階層上階のスーパー昭和おじさん・おばさんたちが全く気がついていないどころか「最近の若者論」で片付けている点です。

「やっぱり世代間ギャップがあるから難しいですよね～」「世代間ギャップがあってうまくコミュニケーションできないんですよね～」と、なんでもかんでも世代感ギャップを言い訳にし、自分たちの愚策を省みようとしません。

「ワクワクする」の意味が分からない若手社員

「最近の若者は、ワクワクするって意味が分からないとか言うんですよ。それで『仕事でおもしろいと思ったりするだろ?』と聞いたら、『仕事っておもしろいものなんですか?』って真顔で返されちゃって。なんかこっちもムキになって『チャレンジしたいこととかあるだろう?』と問いただしたら、『普通に暮らせればいいです』ってあっさり言われちゃいました。

若い社員の働く意識が、私たちの頃と変わってきたと思っていましたが、仕事そのものに興味がないってことですよね。長時間労働にならないように徹底的に管理して、有給休暇もとれるようにしたし、色々とやってきたんですけどね。なんだかコミュニケーションを成立させるのが、難しい世の中になっちゃいましたね」


これはある大企業の部長さん（50代後半）の嘆きです。

ワクワクする、って言葉自体、死語に近い気もしますが、階層上階や階層最上階のスーパー昭和おじさんほど「若い社員の働く意識の変化」という言葉で、あたかも「若者」に原因があるような物言いをします。

ワクワクの意味が分からないのも、仕事がおもしろいと思えないのも、チャレンジしたくないのも、若い社員の意識の変化ではなくそういう意識を生み出している上司＝経営サイドの問題であり、組織社会化過程の欠損が原因なのに。あくまでも問題は「最近の若者」なのです。

組織社会化には「自分自身を試す機会がある、その仕事をやり遂げられる、要求される仕事のプレッシャーに耐えられる」といった成功経験を促すサポートと、「自分には価値がある」と思える他者からの承認が不可欠です。

逆説的に言えば、「私がすべての責任をとってやる」と責任の所在を明確にし、「おお、頑張ってるな！」と頑張っている部下にねぎらいの言葉をかけ、「キミなら大丈夫だ！」と背中を押してあげるだけでいい。たった3つの言葉をかけるだけでいいのにそれすらやりません。いったい上司は……なんのためにいるのでしょうか。

そんな上の世代の不作為と、経営者のおごりが影響しているのでしょう。会社で役割も居場所も得られなかった若者は、上の世代より同世代に、社内より社外に「安寧の場」を求めるようになりました。

大企業の正社員という肩書きがあれば社会的には勝ち組です。仕事がおもしろくなくても、それなりにやっていれば年収700万円稼げます。

「だったら会社を辞めるんじゃない？　今の若い人たちは簡単に転職するし」と昭和おじさ

ん・おばさんは思うかもしれませんが、人は未来の利益より今手元にあるものを失うことに対して強く反応します。

「辞めよう！」と背中を押す強い意志や出来事がない限り、人は「今あるもの」をそうそう簡単には手放しません。

一方、会社に入る前にも大きな問題があります。仕事へのモチベーションに大きな影響を与える「キャリアレディネス（就職前準備）」が、大人たちの勝手な都合で間違った形で行われてしまったことです。そのお話をする前に、現代の若者の心情が垣間見える、上山さん（仮名　23歳）のケースと若者の心理を捉えた調査結果を紹介します。

「普通」が「平均より上」を指す時代

上山さんは学生時代「映像の仕事がしたい」と、某制作会社でアルバイトをしていました。ところが、実際に就職したのは映像とは全く関係のない会社でした。

進路変更の理由は「普通」です。

「正社員ですから、職種は全然違いますけど、それでいいのかなぁって。普通に生活できればいい
ば十分だし、ぶっちゃけ苦労とかしたくない。やりたいことはプライベートでやればいい
し、好きなことを仕事にできるのは一部の恵まれた人だけですよね。
全然違うんですよ。テレビ局とか商社とか入ってるヤツらと僕らって。あいつら上から目線だし、なんかスゲーっていうか、自信あるっていうか。僕は体デカイし相手にしないから
アレなんですけど、同級生の中にはそういうプレッシャーにやられちゃったり、これ以上傷つきたくないって会社辞めちゃうヤツもいました。僕、ですか？　僕は大丈夫です。ちっちゃな会社ですけど、普通に給料もらえてるんで」

私が知る上山さんは自分の夢を実現するために、制作会社でアルバイトをする若者でした。当時私は出演者で彼はアシスタントディレクター。彼はとても素直で向上心もあって、一度言われると三歩先まで読んで動ける若者でした。その彼が「普通に生活できればいい」と言い切るとはにわかに信じがたく、老婆心ながら彼の将来が心配になりました。
一方で、「普通」を繰り返す上山さんの語りや表情から推察すると、「普通」とは「みんな

の平均より上」を意味し、世間に認められる及第点であり、その普通はあくまでも「自分の所属する集団の普通」のようでした。上山さんは都内の私立大学出身です。K大、W大が「超エリート私大」なら、彼が所属する集団は上の下エリートといったところでしょうか（勝手に格付けして申し訳ない）。

無理してテレビ局や商社を狙って失敗するのも怖いし、運良く受かってもそこで勝ち組になれる可能性は低い。ならば無難な道を選び、「普通」という呪文を唱えれば、とりあえずの勝ちを選択した自分を恥じる気持ちは消えます。小さな誇り＝集団の勝ち組の座を手に入れられるのです。

日本の20歳はスウェーデンの65歳

普通志向の強まりは1953年以来、5年ごと行われている「日本人の国民性調査」にも反映されています（「日本人の国民性　第13次全国調査」）。

「仕事や遊びなどで自分の可能性をためすために、できるだけ多くの経験をしたい」か、「わずらわしいことはなるべく避けて、平穏無事に暮らしたい」かを選んでもらい1983年と

「平穏無事」を志向する若年層が増加

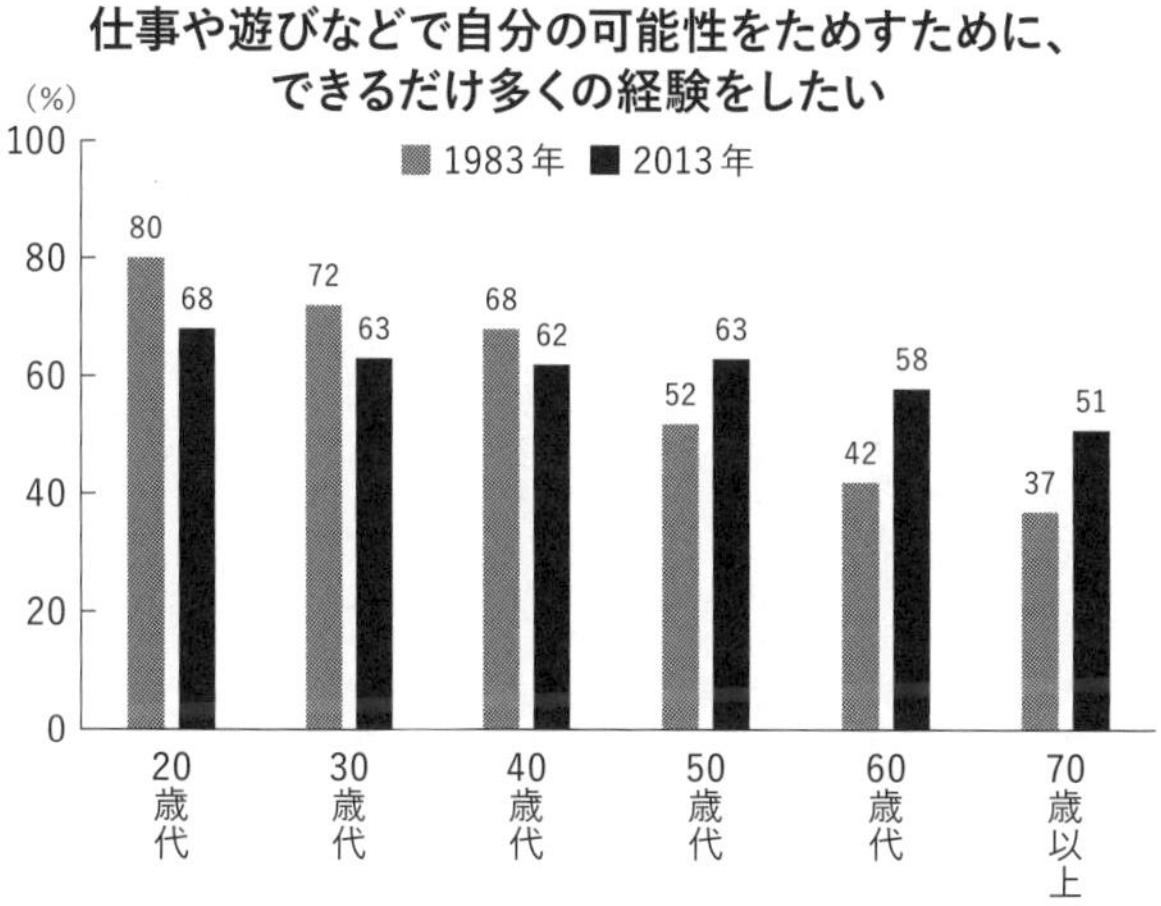

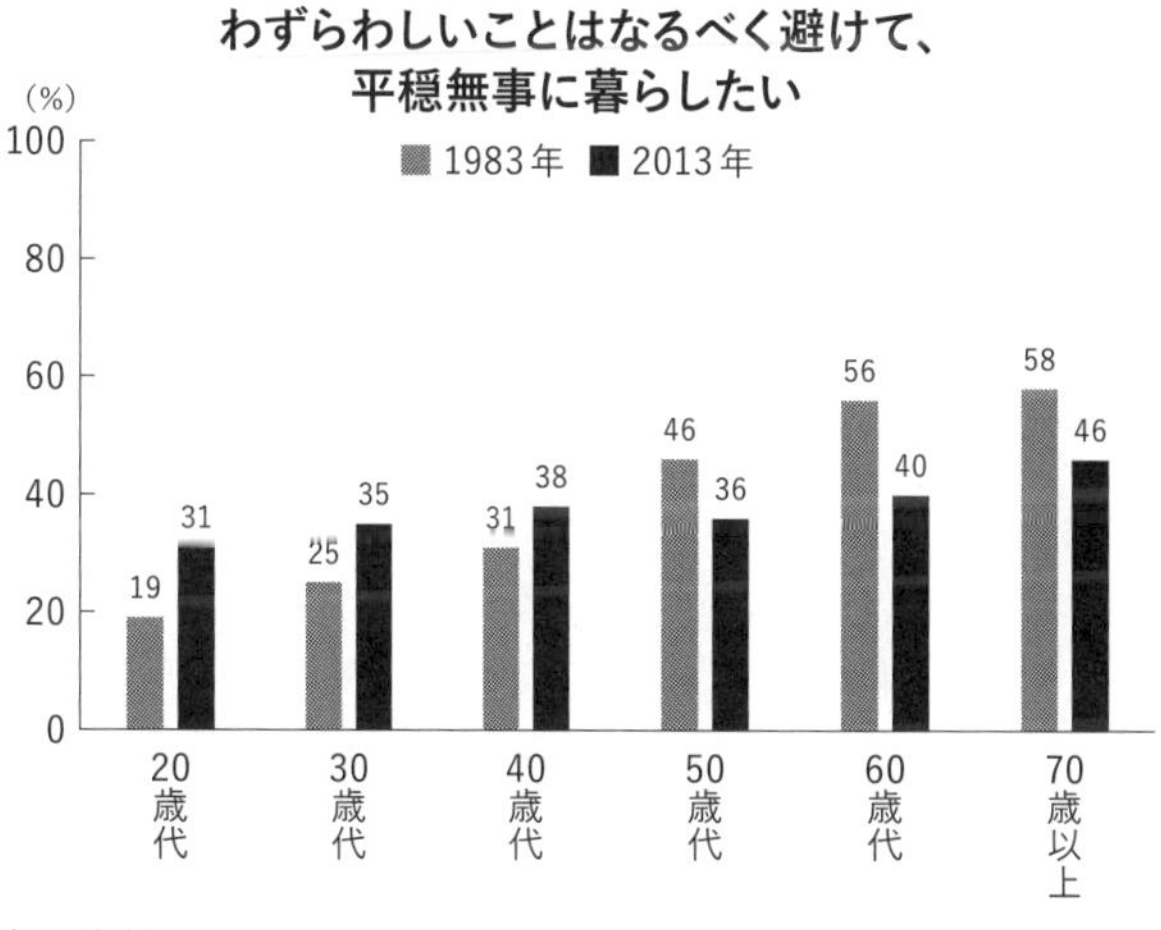

出所：統計数理研究所
「日本人の国民性　第13次全国調査」結果のポイント

2013年を比較したところ、若年層ほど「可能性をためす」が減り、「平穏無事」が増えていました。

「平穏無事」を望む20代は19％から31％へ、30代は25％から35％と10ポイント以上増加。逆に、50代、60代は案外、やる気まんまんです。

「若さの秘訣は好奇心！」とご長寿を褒めたてるのに、若い人の好奇心が摩耗しているとは笑うに笑えません。しかも、教育社会学者の舞田敏彦氏の分析によると「日本の20歳の好奇心はスウェーデンの65歳の好奇心とほぼ同じ」だそうです〈経済協力開発機構〈ＯＥＣＤ〉国際成人力調査〈ＰＩＡＡＣ〉のデータをもとに分析〉。

なぜ若者は「無難」に埋没したがるのか

本来、若さとは好奇心であり無謀さなのに、日本の多くの若者には野望もなければ野心もない。みずみずしさは期間限定なのに、乾涸《ひから》びた「普通」と「無難」を合言葉に、慣れ親しんだ領域内にとどまり、「安心」を手に入れているのが平成以降の多くの若者です。

社会が衰退しまくっていると自ずと自己評価も下がるので、現状維持を求めたがる気持ちが分からないわけではありません。しかし、この無味乾燥っぷりは残念すぎるというか、もったいなさすぎるといいますか。

それでいて彼らは、自分の所属する属性＝村社会で異常なまでに周りを気にするのです。

いったいなぜ、21世紀の若者たちは「無難」に埋没したがるのでしょうか。

いったいなぜ、「普通」という至極曖昧な基準が、最高の褒め言葉になってしまったのでしょうか。

……大学のニーズ至上主義。そうです。学問の府であるはずの大学が企業が求める「即戦力」に応えるためにハローワーク化し、「これをやれば役に立つ！」百貨店に成りさがった大人の不始末です。

1991年の大学設置基準大綱で東京大学以外は教養部を廃止し、大学は社会のリソースから企業のニーズに応じる組織に変貌しました。拍車をかけたのがグローバル競争と少子化です。

経営者たちは「即戦力になるグローバル人材を育ててよ」と口を揃え、少子化で生き残りをかける大学側は「ガッテン承知だ」と「就職に強い大学」を目指します。キャリア教育という名のもと、やれ自己分析だ、それ他己分析だ、ほれコミュニケーション能力だと「即戦力教育」に明け暮れ、「面接をゲットするエントリーシートの書き方」だの、「面接を突破するコミュニケーション力の高め方」だの、「採用担当者に好印象を持たれる言葉」だの、「役に立ちそう！」なメニューを揃えまくりました。

「役に立ちそう！」が優先されると、人は指示待ちになり、好奇心を無意識に消し、創意工夫をしなくなります。

本来、キャリア教育は「これをやれば役に立つ」＝ニーズに応える方法を教え込むことではなく、「キャリアレディネス」の向上を目的に行われる教育です。

●自分自身のキャリアに対する欲求と興味を開発し、発見する
●自分自身の能力と才能を開発し、発見する
●キャリア選択をできるだけ広くできるような学業成績を収める
●キャリアについて学ぶための、現実的役割モデルを見つける

などの課題に学生が主体的に取り組み、一つひとつ達成していくことでキャリアレディネ

スが高まり、会社組織への適応が促されます。

それは大学任せにすることでもなければ、大学が学業をおろそかにしてまで手を貸すことでもない。企業側のリクルーターが大学に出向き、「自分たちの思い、自分たちのやってきたこと、自分たちの会社のこと」を学生たちに伝え、「自分たちと同じ志を持って、歩いて行こうという意志がある学生」と出会うために汗をかくことです。

「実際に働いている人＝リクルーター」と対面することで、学生は「未来の仲間」とつながり、「未来の仕事」を立体的にイメージでき、「働く」という行為への準備運動ができます。

私が実施した調査では、キャリアレディネスができていた学生ほど、入社半年後のワークモチベーションが高くなっていました（「新卒社会人の入社後半年間のメンタルヘルスとその関連要因に関する追跡調査――大学就職準備教育と新入社員への社内サポート体制への示唆」）。

しかし、実際に行われているのは大人たちのために大人たちが作り上げた利益誘導社会の中のキャリア教育です。社会人になるための準備もないままに会社員になり、短期間で独り立ちさせられるのですから、うまくいくわけがありません。

もちろんキャリアレディネスにつながる教育もあるにはあります。しかし、いつの時代も学生が一番興味を示すのは成功への最短距離。自分の頭で考えた不完全なものより、大人たちが求める「役に立つ！」に精を出した方がいい人生が送れそうな気がするのです。

「役に立つことだけやればいい」の副作用

農業用トラクターの大手クボタが、2016年に入社10年未満の技術系社員360人を対象に、機械系技術者に欠かせない基礎知識に関するテストを実施したところ、なんと78％が期待するレベルに達していないことが分かりました（日本経済新聞社編『「低学歴国」ニッポン』日経プレミアシリーズ）。

新入社員はいずれも有名私立大の修士課程修了者なのに8割近くに基礎知識が不足していたとは驚きですが、現場では2010年頃から「技術系の新入社員に基礎学力が身についていないのではないか？」という声があがり始めていたそうです。

テストの結果について会社側は、「基礎知識は学部の1、2年で学ぶが、その後は先端的な研究をしているうちに忘れてしまうのだろう」（人事・総務本部長）と推察していました。

先端的な研究とは、まさに「これをやれば役に立つ」です。国が「高校で学んだ基礎知識」の振り返りと大学教育の接続部であった教養部を廃止し、大学が企業のニーズにあった学生を育てようと明後日の方向ばかり見たことで、残念な新入社員が量産されてしまったのです。

若者の意欲をなくす「頑張り損」の社会構造

「役に立つ」に明け暮れる学生が量産された一方で、「頑張り損」の社会に失望し、スタート地点（＝就活）に立つ意欲をなくす若者もいます。

「うちの息子があまりにも就活に熱心じゃないので、『もう少し頑張った方がいいんじゃないか』と言おうと思ったんです。ただ、強く言いすぎてプレッシャーになるのもアレなんで、『色々な会社を知っておいた方が、いいと思うけど』くらいにとどめました。

そしたら『学生なのに本業をほったらかして就活するのはくだらないって、お父さんが言ったんじゃん』って。確かにそんなことを言った気もするけど、息子の反論は無視して

『何社くらいエントリーしたんだ？』って聞いたら、スマホばっかりいじっているので『聞いてるのか!?』って大きな声を出してしまいました。そしたらボソッと、『ねえ、なんで働かなきゃいけないの？』って。

『そんなの当たり前だろ。どうやって生活するつもりなんだ？』って答えたら、『おカネを稼ぐだけなら、働かなくても稼げる』と。『どうやって？』と聞いたら『投資』と一言。なんか頭きちゃって『素人が投資をして一生生活できるほど世の中甘くない』と言い返しました。

すると今度は『地方移住すればいい。最低限のカネがあればいい。その方が僕は幸せだと思う』って。それで『その最低限のカネを投資で稼ぐつもりなのか？　地道に努力しないと自分が困ることになるぞ』と、私も負けじと言い返しました。まさに、ああ言えばこう言うで、どうしたものかと考えあぐねていたら、息子がこんなことを言ってきたんです。

『どうせ努力したって報われないでしょ。50歳になったら会社に捨てられるんでしょ？　だったら無駄な努力をしないで、1日1日を大切に生きた方がいい』って。

その言葉を聞いたら、なんか納得しちゃったんですよね（笑）。私も真面目にコツコツと努力してきたのに、この先どうなるか分からない状況です。60歳を過ぎると大幅に給料減額されますし、いつ早期退職を迫られるかも分かりません。息子も人と違うことをやるほどの根性はないので、きっとどこかには就職するつもりなんでしょうけど。なんだか息子の言い分も一理ありますよね」

「まったくもっておっしゃるとおり！」と拍手喝采したくなる〝うちの息子〟のお話は、ある打ち合わせの待ち時間に参加者の1人から聞いたものです。

「組織を変えたきゃ、若者、よそ者、バカ者の視点を生かせ！」と言われるとおり、若者であり、よそ者である息子さんには、「会社組織のバカバカしい構造」がもろに見えていました。

頑張って就活して就職したところで、薄給でこき使われ、そのままこき使われ、万年ヒラのままこき使われ、ある日突然「はい、ご苦労さん！」とかなりの確率で捨てられます。「新卒を年収1000万円で採用」なんて会社もありますが、そんな狭き門をくぐるのはごくごく一部です。

しかも、その狭き門へのルートにエントリーするには「パパの経済力」が不可欠です。東京大学が毎年実施している学生生活実態調査によると、東大生の親の年収は1050万円以上が4割を占めます（2021年度〈第71回〉学生生活実態調査結果報告書）。文部科学省の調査によれば、子供が私立小学校に通う世帯のうち約65％が世帯年収1000万円以上で、1200万円以上の家庭が約半数です。

「パパの経済力」で8割がたの人生が決まり、残りの2割で精一杯努力したところで報われるとは到底思えない。「結局、世の中カネなんじゃん」という深いあきらめが、クールに振る舞う若者の心に伏流《ふくりゅう》しているのです。

現代人は、自分の「身分偏差値」に敏感

若者が多用する「普通」とは、「みんなの平均点より上」を意味し、世間に認められる及第点であり、褒め言葉だ、と前述しました。みんなとは「薫ちゃんと宏くんと茜ちゃんと龍之介くん」といった具体的なメンバーではなく、あくまでも「私って、だいたいこれくらいよね」と自分が納得する「みんな」です。

じゃあ、この「みんな」は何で決まるのかってことになるわけですが、それは学校だった

り、お稽古事や塾だったり、住んでいる地域だったり、なんとなく感じる自分のポジションです。おじいちゃん・おばあちゃん以外の日本人は、学生時代に偏差値によって自分のポジションが振り分けられることを経験しているので、自分の「身分偏差値」らしきものを察し、受け入れる能力が極めて高くなってしまいました。

その「なんとなく身分」を決めているのが、言わずもがなの「パパのＳＥＳ（Socio-Economic Status）＝社会経済的地位」です。

ベネッセ教育総合研究所が実施した調査で「いい大学を卒業すると幸せになれる」と考える小学生は9年前の前回調査より17ポイントも増え78％に、「将来、一流の会社に入り、一流の仕事につきたい」という小学生は71％（前回比11ポイント増）もいました（２０１６年1月29日付の朝日新聞朝刊）。まだこの世に誕生して10年くらいしか経っていない子供が「人よりもいい大学入って、一流企業に入れば幸せになれる」と考えている。それは同時に「競争に勝ってたくさんおカネを稼ぐレールに乗りさえすれば幸せになれる」という、短絡的かつ下品な思考です。

朝日新聞社がベネッセ教育総合研究所と共同で実施した「学校教育に対する保護者の意識

調査2018」では、「経済的なゆとりがあると答えた人ほど、よりよい教育を受けられるのは『当然だ』『やむをえない』と答える割合が多い」というおぞましい結果も出てしまいました。

「上級国民　下級国民」という言葉が象徴するように、日本社会は格差社会よりもシビアな「階級社会」に変貌を遂げつつあります。階級は「学歴、職業的地位、所得」などの社会経済的地位が重なりあい構成され、世代を超えて引き継がれます。上は下の人々を見下し、自分たちが有利な社会を構築する傾向も高まります。

子供が幸せな人生と妄信する「いい大学出身の一流企業の会社員」の多くの出身家庭は橋本健二氏の『新・日本の階級社会』（講談社現代新書）でいうところの〝新中間階級〟です。ここでいう新中間階級とは、経営者・役員・自営業者などの「資本家階級」の下に位置し、単純事務職・販売職・サービス職などに従事する「労働者階級」、非正規雇用の「アンダークラス」の上の階級です。

同じ階級でも濃淡があり、微妙な身分格差が存在します。先に登場した上山さんが「あいつら上から目線」とディスった、スゲー同期たちは「新中間階級」の中でも上位に位置する超勝ち組なのでしょう。また、大企業が希望退職を拡大したことで、新中間階級内の争いが深刻化し、足の引っ張り合いが激化するかもしれません。

さて、新中間階級の普通が「一流企業の会社員」「ホワイトカラーの正社員」であるなら、上の資本家階級の「普通」とはどういったものなのでしょうか？

その答えを教えてくれたのが、私立幼稚園からエスカレーター式に大学に進学し、就活に励んでいる女子大生の美咲さん（仮名）です。

「世帯年収3000万円じゃなきゃ意味がない」

美咲：私、夢は35歳で、世帯年収3000万円になることなんです！　だから、大企業にしか就活してません。（↑目キラキラに輝かせる）

河合：へ？　35歳で世帯年収3000万円？　共働きで、ってことかしら？

美咲：え？　共働きって普通ですよね？
河合：はい、普通です。専業主婦は貴族ですね。
美咲：貴族〜。憧れま〜っす！　（↑ん？　ちょっとバカにしてる？）
河合：世帯年収3000万円共働きで稼ぐということは、1人あたり1500万円の年収が必要になりますよね。30代そこそこでそんな給料をくれるなんて、大企業の中でも限られてませんか？
美咲：結構ありますよ〜。ＩＴ系とか外資系とか。（↑断言！）
河合：倍率高いでしょ？
美咲：どうですかね〜。でもやっぱり、人並みの生活したいですし〜。
河合：ひ、人並みねぇ……。もし、大企業入れなかったら？　給料高い中小企業とか？
美咲：プッ、中小企業（笑）。入れなかったら好きなことやります！
河合：好きなこと。つまり、フリーランスとか、起業とか？
美咲：ですかね〜。ま、好きなことやって楽しく生活しま〜す。
私も若い時には、かなりの夢見る夢子ちゃんでしたが、美咲さんの夢子さんっぷりには昭和おばさんもさすがに面食らいました。

しかし一方で、美咲さんの選択は実に合理的です。

美咲さんの人並み＝普通、すなわちみんなの平均点より上は「世帯年収３０００万円を稼げる大企業」ですから、世帯年収１５００万円にランクを下げた時点で負けです。一方で、「好きな仕事に就く」に進路変更すれば「普通」でいられる可能性があります。

エリカ：え〜、テレビ局希望じゃなかったの？
美咲　：うん、なんか残業とか多そうだし〜、どうせ働くなら好きなことやった方がいいし。
マリカ：だよね〜。一度きりの人生だもんね。
美咲　：おカネじゃないよね。
レイカ：うんうん！　おカネじゃない！　自分らしく生きるが勝ち！
美咲　：みんなにそう言われるとうれしい！
一同　：いざとなったら、パパの会社に入れてもらえばいいものね！

といった具合です（昭和おばさんの妄想です。あしからず）。

美咲さんの集団（資本家階級）の普通は、「勝つ見込みがなくなったら、同じ土俵に乗らない」であり、「パパに頼めばなんとかなる！」です。

富裕層だけが持っている特別なリソース

小金持ちレベル＝新中間階級だと下に落ちる可能性が多分にありますが、富裕層ではそのリスクがほとんどありません。もともとカネになるリソースをたくさん持っていることに加え、金持ちは金持ちとつるんでいるので、〝富裕層互助会〟が手を貸してくれます。

米経済学者ラジ・チェティ氏らのグループが、米国の7220万人（25～44歳）を対象に、フェイスブック上の交友関係を調べたところ、「金持ちは金持ちとつながり貧しい人は貧しい人とつながっていた」という身も蓋もないリアルが確認されました（Social capital I: measurement and associations with economic mobility）。

金持ちはビジネス上の重要な意思決定の権限や、利益に直結する1次情報、経験、知識、人脈などを持っている人たちですから、交流を持つことはお互いにメリットが期待できます。金持ちには「おカネ」が大好きな、いや「おカネを大切にする」共通の価値観がありますから、「友達の友達はみな友達だ！ みんなで広げよう富裕層の輪！」がいとも簡単にできあがります。そのメリットは次世代に引き継がれ、ますます格差は広がり、固定されていきます。これが「階級社会」です。

私たちは幼少期に、教育を受ける機会、仲間と学ぶ機会、友達と遊ぶ機会、知識を広げる機会、スポーツや余暇に関わる機会、家族の思い出を作る機会といったさまざまな経験を積む中で、80年以上の人生を生き抜くリソースを獲得します。ところが、資本主義社会ではこれらのリソースの獲得に「親の収入」が大きく影響します。

高所得世帯の子供なら、アメリカンスクール主催のサマースクールに参加したり、お友達とグランピングをしたり、おじいちゃんの別荘で犬とお散歩するような経験ができても、低所得世帯の子供はそういった経験ができません。

むろんカネがある＝豊かな生活とは限りませんが、多種多様なリソースの獲得は、人生で遭遇する困難の対処に役立つことに加え、生活の満足度を高めます。かたや、リソースの欠損は困難への対処を難しくし、あっという間に窮地に追いこまれるリスクを高めてしまうのです。

野草を食べて生活する国立大学の女子大生

コロナ禍で日常が一変し、それまでの当たり前が当たり前じゃなくなった時もそうでした。「世帯年収3000万円を稼げる大企業しか意味ない」と豪語する美咲さんのような学生がいる一方で、コロナ禍で生活が困窮し生活費節約のためにそのへんに生えていた野草を採ってきて、「こうやってしょうゆ漬けにすると、長持ちするんで」と話す学生がいました(夜の報道番組で取り上げていた)。

女子大学生は友人3人とアパートに同居し、家賃なども含めた月の生活費5万円はクリニックの受付のバイトで稼いできたそうです。ところが、クリニックが休業し、収入が途絶え生活は困窮します。

「とにかく、もうおカネもないし、すごく恐怖心があって、怖くて怖くて。不安を通り越して恐怖だった。学生で、アルバイトやって生活するというのが、こんなに弱いというか、低

い立場なんだなとすごく痛感しました」（女子大学生）

幼少期の不利な環境を克服し、高い学力を達成し、優秀な国立大学に進学したのに、生活と学びの両方が急変し、〝社会の自分の位置〟を思い知らされてしまったのです。

仲間至上主義に潜む息苦しさ

「僕はずっと何かを持っていると言われてきました。その〝何か〟が、今日分かりました。それは……仲間です！」

２０１０年11月３日、東京六大学野球の決勝を50年ぶりに制した早稲田大学の〝ハンカチ王子〟こと斎藤佑樹選手は、ヒーローインタビューでこう話しました。

実力もあれば顔も良い。おまけにあの場で、あの雰囲気で「持っているのは仲間」と言い切った文句のつけようがない好青年ぶりに、日本中は大いに盛り上がりました。といっても、おそらくみなさん、忘れてしまったかもしれませんが。

当時の若者たちのトレンドはもっぱら「仲間至上主義」。採用面接でもめったやたらに「仲間がいたおかげで」「仲間に恵まれたおかげで」と仲間の存在をアピールし、「仲間の大切さを学びました」と自分が仲間を大切にし、感謝していると訴えました。

ところが、です。当時、私が受け持っていた大学の講義で「仲間がいることの良い点と悪い点」を学生に挙げてもらったところ、意外な本音が出るわ出るわ。あまりのネガティブな意見の多さに圧倒されるとともに、仲間至上主義に息苦しさを抱える学生の多さに胸が痛みました。

「声の大きい人に合わせないとならない」「分からない話でも分かった風に演じなきゃならない」「本当の私は根暗なのに、明るいキャラだと思われてるのでキャラを演じるのがしんどい」「間違った方向にみんな進んでいても、やめた方がいいと言えない」「自分がなくなる」「自由がない」などなど、ここに書ききれないほどの意見が飛び交ったのです。

そして、1人の学生の意見に、教室の学生たちは大きくうなずき、それまでの攻撃的な空気が一変し、教室にどんよりとした空気が漂いました。

「仲間と一緒にいなきゃいけないのはつらい。だけどぼっちになるのはもっとつらい」——。

居場所があるようでない

この発言をした学生はどちらかといえば〝お調子者〟で、クラスの人気ものでした。その彼が、ゆっくりと、噛みしめるように「ぼっちになるのはつらい」と言葉を紡いだ。しんどそうに、それでいてどこかホッとしたようで。この時の彼のまなざしも、彼の言葉に耳を傾けるクラスメートたちのまなざしも、いつもとはまるで違うものでした。良く言えば「静」、悪く言えば「陰」といったところでしょうか。

ぼっちは、友達がいないかわいそうな人を指す言葉です。〝ぼっち飯〟(一人でお弁当を食べること)が恥ずかしくてトイレで隠れて食べたり、文化祭などのイベントで〝ぼっち〟と思われたくなくて一日中トイレにこもったり。中には「ぼっち映画してます!」などと自虐的に使う人もいましたが、私の感覚では「仲間がいない」=ダメな人、「仲間に嫌われる」=人間失格といった価値観が学生にはあったように思います。「ぼっち」への恐怖感が「仲間」のつながりを支え、それは居場所があるようでいて実際にはない若者の生きづらさです。その痛みを、仲間とぼっちは紙一重であることを、学生は大人の私に訴えたかったのかもしれません。

「いい人」「普通」の中に身をひそめる心理は

「若者の生活と意識に関する全国調査２０１４」（上智大学総合人間科学部社会学科藤村研究室内　青少年研究会）によると、仲間＝（親友＋仲の良い友達）の平均値は２００２年の18・66人から12年は26・79人に増加していました。

一方で、「友達と意見が合わなかったときには、納得がいくまで話し合いをする」という人が、50・2％から36・3％に激減し、「友達との関係はあっさりしていて、お互いに深入りしない」は46・2％から、51・5％に増加していました。

私たちはときにぶつかり合い、けんかし、傷つけ合うことで、折り合いをつける術を学んでいきます。けんかは相手を知ることであり、和解のためであり、自分の主張を通すことや相手をおしのけるためではないことも学びます。

そして、本音を言い合えた時、気の置けない関係になれた時、「私はぼっちじゃない」と思うことができる。なのに平成以降の若者たちは逆方向に向かっています。本音を隠し、ストレスを感じながらも〝いい人〟を演じるのです。

仲間至上主義がどこから、何をきっかけに生まれたのかは定かではありませんし、なぜ〝いい人〟がもてはやされるかもよく分かりません。人気漫画と関係があるかもしれないし、SNSと関係があるかもしれないけど、実際のところはよく分かりません。一つだけ確かなのは、人は自分の力だけではどうにもならない、という無力感に襲われると、群衆の中で息を潜めます。それが最良の保身術であることを本能的に知っているのです。

オーストリアの心理学者で医師でもあるV・E・フランクルが、ナチスの収容所における人間の心理の変化を克明に記した名著『夜と霧』に次のような一節があります。

「かくして強制収容所における人間が文字どおり群衆の中に『消えようとする』ことは、環境の暗示によるばかりでなく自分を救おうとする試みでもあったのである。5列の中に『消えて行く』ことは囚人がまもなく機械的にすることであったが、『群衆の中に』消えて行くということは彼が意識して努めるのであり、それは収容所における保身の最高の掟、すなわち『決して目立つな』ということ、どんな些細なことでも目立って親衛隊員の注意を惹くな、ということに応じているのである」

（V・E・フランクル著、霜山徳爾訳『夜と霧』みすず書房、P143）

人は自分の意思で行動しても、発言しても、それが何の役にも立たない、それでも「この世界で生きるしかない」と悟ると〝群衆の中に消えようとする〟のです。若者のそれは「頑張り損・働き損」社会への抵抗であり、パパの経済力で人生が決まる理不尽への対処であり、ぼっちへの恐怖です。

窓際族化するのも、普通や無難を拠り所にするのも、自分の可能性を試すことを嫌うのも、仲間へのこだわりも、あえて自分から目立たないようにすることでかりそめの安心にすがっているのではないでしょうか。

そして、大人たちが作り上げた「美化されすぎたZ世代のイメージ」に気後れし、息を潜める若者もたくさんいます。

本章の冒頭で紹介した漫画『新社会人よ、窓際を目指せ』には続きがありました。主人公の逆島は、狙いどおり北関東ダンボールセンターに左遷され、閑職ラインに乗っかり「窓際ゲット！」と喜ぶのですが、「お前段ボール切るの早いな」と不覚にも上司に評価され、その瞬間、フワァ～っとした心地よい感情に襲われます。

「な…何だ？　この感情は……まさか、やり…がい…？」と苦悩するというものでした。

「人」はありのままの「私」を認められるとなんかうれしい。「若者」という群衆じゃなく「逆島＝私」を見てくれてこそ、思わぬ感情は生まれるのです。

第2章

中高年無理ゲー社会

狭まる「ジジイゲート」と新・働かないおじさん

10年前の「おじさん叩き」の因果応報

「働かないおじさん」という辛辣な言葉が、役職定年などで出世競争から降りた中高年社員の代名詞としてすっかり定着してしまいました。

20〜39歳の若い社員を対象にしたインターネット調査では「約半数の企業に働かないおじさんの存在」が確認され、半数近くの人が〝働かないおじさん〟は仕事中にタバコを吸いに行ったり、お菓子を食べるなど「休憩」をしていると回答したとか（株式会社識学「〝働かないおじさん〟に関する調査」）。

働かないおじさんが、大阪のおばちゃんのように知らない人にまで飴を配っているかどうかは知りませんが、働かないおじさん＝やる気のない社員とするなら、若い人の中にも働かない兄さんはいるし、女の人の中にも働かない姉さんや働かないおばさんはいるはずです。なのになぜか、おじさんは叩かれます。とことん叩かれます。あまりに叩かれすぎて、おじさんたちが自虐的に「働かないおじさんです」と笑いをとることもしばしば。怒りを必死に取り繕っているのか、叩かれることに慣れきってしまったのか、どちらかわかりません。

いずれにせよ、今「働かないおじさん」というワードを好んで使うのは20代～30代の若い会社員のようです。おそらく評価されない、給料が上がらない、プレッシャーが半端ない、という会社への不満が、巡り巡って、自分より高い賃金をもらっているおじさんに向けられているのでしょう。

しかし、10年前は違いました。「おじさん叩き」をするのは若者ではなく、同世代のおじさん会社員でした。

「同世代の中には『百害あって一利なし』って奴もいる。追い出し部屋を作りたくなる気持ちも分かります」

「同期の中には頭を抱えたくなるほど仕事のできない人がいる。その尻拭いをするのが派遣の若い社員です」

「給料安い若い社員に『2万円や3万円のスーツを着てたら営業先に相手にされない。俺が若い時は見栄を張ってでも高いスーツを着てた』とか自慢話ばかりする」

「大した仕事してないいんだから、偉そうにしないでおとなしくしててほしい」

これらは2010~13年までのインタビューの記録から抜粋した、「おじさんを叩くおじさん」のコメントのごく一部です。

彼らはある時は「若者の代弁者」として、ある時は「経営者気取り」で、批判、非難、批評を繰り返しました。当時は日本経済の低迷が続き企業が人件費削減を強化していたので、おそらく「自分はちゃんと働いてる。あいつらと一緒にしてほしくない!」「バブル世代のすべてが使えないわけじゃない」とアピールするために、おじさんがおじさん叩きをしていたのでしょう。

しかし、そんな同世代を叩いていたおじさんの一部は、今や立派な働かないおじさんです。ある人は「今まで散々頑張ってきたから」と自己弁護し、ある人は「定年までいますよ。最後の宮仕えだから、あんまり赤字が出ないようにしないとだけどね」と開き直ります。

真面目な人ほどはまりがちな「ステレオタイプ脅威」の罠

むろん彼らだって、最初から働かないおじさんだったわけじゃありません。

年下が上司になろうとも、新人に混じって仕事をやらされようとも、「自分の培ってきた経験や知見を活かそう」「後進育成に励もう」と、ベテラン社員だからこその手腕（＝暗黙知）を発揮しようと意気込みました。どんなに役職をもぎ取られようとも、子会社に異動させられようとも、地方に飛ばされようとも、「それは仕方がないこと」と割り切り、これからの自分に期待しました。

なのに、誰も認めてくれないのです。

後輩のためと考えた言動は「昭和すぎる」と揶揄され、「経験とか意味分かんねぇ」と冷笑されてしまうのです。そんな時、ふと隣を見るとスマホでメジャーリーグ中継の鑑賞にふけり、プワプワ欠伸をしてる同年代の昭和おじさんが目につき、「私も同じ穴のムジナなのか？」「何もしてないと思われているのか？」と不安になる。いったん気になりだすと止まらなくなり、周りの反応がちょっと鈍いだけで傷つき、自信喪失し、やがて「重い責任を負うような仕事のやり方はやめよう」「職場の人間と飲みに行くのはやめよう」「どうせ何も期待されてないんだから気楽に働こう」などと自ら率先して働かないおじさん化し、自分から嫌われるような行動に走ります。実際にはウブで、誠実で、後進思いの昭和おじさんが、「ステレオタイプ脅威」の罠にはまってしまうのです。

「ステレオタイプ脅威」は、誰もが経験する人間ならではの心の動きです。人間の脳は面倒臭いことを嫌う傾向があるため、特定の属性に対し、ある種の固定観念＝ステレオタイプを持つことで楽をしようとします。例えば「女性は数学が苦手」「高齢者は物忘れがひどい」「アメリカ人は自己主張がすごい」といった具合です。

フランスの哲学者サルトルは「地獄とは他人」という名言を残し、人間は他者のまなざしに拘束され自分を失うと説きました。ステレオタイプ脅威は他者のまなざしそのものです。私たちは自分のアイデンティティと関係のある属性へのステレオタイプを察知すると、「どうせ女だし」「どうせ高齢者だし」「どうせおじさんだし」と自分で自分をさげすみ、次第にそれが内面化されステレオタイプに即した言動をとるようになってしまうのです。

「働かないおじさん」を作った張本人

では「働かないおじさん」というステレオタイプは、どこの誰によって、どういう理由で作られたのか？　ということになるわけですが、答えは明快です。いわずもがなの経営者です。

「また経営者のせいにするのか！」とムッとする人もいるかもしれませんが、はい、経営者です。経営者の中でもかなりお偉い経営者のみなさんです。

遡ること今から約10年前の２０１３年３月、〝人材の過剰在庫〟という信じられない下品な言葉が政府の諮問機関である産業競争力会議で飛び交いました。きっかけは経済同友会代表幹事が作成した資料です。

産業競争力会議は「政府の成長戦略づくりを担う官民合同の会議」として第２次安倍政権下で２０１３年１月に設置されました。その第４回の会議にリモートで出席した経済同友会代表幹事（海外出張中）は、「人材力強化・雇用制度改革について」と題した資料を提出。その中で「現状では大企業が人材を抱え込み『人材の過剰在庫』が顕在化している」と指摘した上で、「大企業で活躍の機会を得られなくても、他の会社に移動すれば活躍できるという人材も少なからずいるはずであり、『牛後となるより鶏口となれ』という意識改革の下、人材の流動化が不可欠である」と提案しました。

会議の議事録には、「45歳定年説」で大バッシングを受けたあの名経営者が賛同する意見も記されています。

「私も昔大企業にいましたが、人材の過剰在庫は存在します。（中略）大企業においては、流動化を阻害する要因があります。例えば、50歳にならないと退職金が上がらないとか、もともと50歳くらいを目途に終身雇用を前提として制度ができています」

「人」に「在庫」という言葉を結びつけたり、雇用する側の人が「牛後となるより鶏口となれ」だの、「流動化を阻害する要因」だの豪語するとは、私には正気の沙汰とは思えません。

しかし、彼らには根拠がありました。内閣府がまとめた経済報告書「日本経済2011～2012」で示された「雇用保蔵者数」（いわゆる社内失業者）です。

ご覧のとおり、雇用保蔵者数はリーマンショックで急激に増加したのち、いったんは減少に転じるも再び増加します。経済産業省の試算では企業内の雇用保蔵者数は、2021年9月時点で465万人。企業に勤務する人の8・5％に相当します（推計値）。

つまり、経済界のスーパー昭和おじさんたちは、たかが8・5％を切りたいがために「人材の過剰在庫」という言葉を使い、あたかも自分たちが被害者のごとくふるまった。自分た

雇用保蔵者数の推移

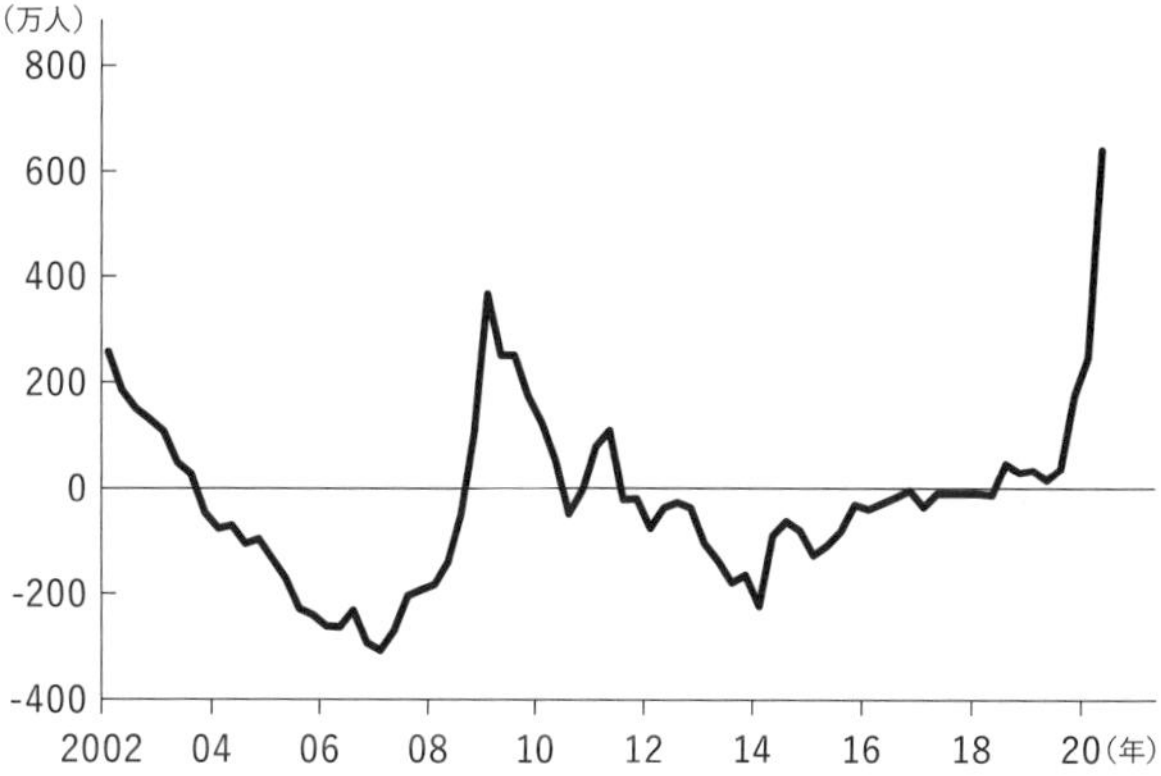

出所：内閣府「令和2年度 年次経済財政報告」

ちの経営責任は一切問うこともないままに、です。

リストラ拡大で ささやかれる陰謀論

「働かないおじさんって、失礼なレッテル貼りですよね。若い人たちには『キミも数年後には働かないおじさんと言われるようになるんだよ』と言ってやりたいですね。

　でね、思うわけです。今になって働かないおじさんをメディアがやたらに取り上げるのは、わざとなんじゃないかって。2021年はフジテレビが50歳以上（満50歳以上、かつ勤続10年以上）をリストラ対象にしたし、大企業も軒並み大規模な早期退職を募っていましたよね。

働かないおじさんという言葉を使うと、リストラされる側の問題に見える。そうやって50代の会社員にレッテルを貼って、リストラを正当化しようと操作してるんじゃないでしょうか？」

こんな陰謀論を展開するのは、6年前に独立・起業した60代の井上さん（仮名）です。

陰謀かどうかは分かりませんが、井上さんが指摘するとおり中高年社員のリストラは拡大し続け、黒字リストラなるものも登場しました。新型コロナウイルス禍に加え、ロシアによるウクライナ侵攻、円安と、立て続けに先行きが見通せない状況が続き、企業側のリストラ欲は高まる一方です。

しかし、切っても切っても「働かないおじさん＝昭和おじさん」はドクダミのごとく増え続けます。そういう人口構成になっているのですから仕方がありません。ドクダミは独特の臭気がありますが、よくよく見ると清楚でかわいい花です。昭和おじさんもよくよく見ると、ウブで、誠実で、後進思いです（しつこく繰り返します）。

今こそ「敬意・信頼・共感の経営の三原則」で社員と向き合い、年齢で差別するのはやめ、切り捨てるより使い続ける経営をした方がいいのに、経営者たちは雇用を流動化させれば経済が回る、経済は成長する！　とひたすら信じているのです。

リスキリングは転職させるための言葉ではない

最近では「リスキリング」という言葉を巧みに使い、中高年を「鶏口転職」させることに必死ですが、リスキリングに世界が注目するのは日本のそれとは全く意味が違います。

高齢化が進む先進国では、日本同様、労働人口が減少傾向にあります。その危機感と「我が社の社員に投資した方がコスパがいい」というエビデンスが、リスキリング志向を高めました。世界経済フォーラムとボストンコンサルティンググループ（ＢＣＧ）が、アメリカにおけるリスキリングのコストは1人あたり約2万４８００ドルで、社外から採用するよりコストを6分の1程度に抑えられると公表しているのです（Who Pays for the Reskilling Revolution? Investment to Safeguard America's At-Risk Workers Likely to Cost Government $29 Billion）。

この試算にはさまざまな意見もありますが、社員に新しいスキルを身につける投資をし、職種を変更できるようにした方が社外から採用するより圧倒的にコスパがいい、という点では一致しています。

例えば、海外では2019年7月にアマゾンが7億ドルを投じて、10万人のリスキリングに乗り出すと発表。21年5月には、77人の従業員が「アマゾン・テクニカル・アカデミー」を卒業し、倉庫作業員などが9カ月間の専門プログラムを受講し、ソフト開発に必要なスキルを身につけました（日本経済新聞2021年8月12日付朝刊）。最も先駆的かつ野心的にリスキリングに取り組んでいるアメリカのAT&Tでは、13年に10億ドルを投じて10万人のリスキリングを行う「ワークフォース2020」をスタートし、「企業が求める人材」を「今いる社員」に投資し、社内異動することで企業を活性化しています。

日本の大企業の最上階の椅子をゲットしたスーパー昭和おじさんは、「我が社の社員」をいったいなんだと思っているのでしょうか。

むろん日本でもキヤノンが就業時間を使って職種転換を後押しする取り組みをスタートし

たり、ＡＮＡホールディングスが個人のニーズに合わせた教育プログラムを提供し、職種転換できる制度を拡大させるなど、社内流動化で人材競争力を高める企業もあります。

しかし、岸田文雄首相は２０２３年年初に行われた施政方針演説で、「リスキリングによる能力向上支援、日本型の職務給の確立、成長分野への円滑な労働移動を進める」「リスキリングから転職まで一気通貫で支援する枠組みも作ります」と公言し、経済産業省の「リスキリングを通じたキャリアアップ支援事業」に掲載されている図には、「転職相談・職業紹介」という文字が記されていて、〝何か〟怪しげな感じがします。

そこで、みなさんに「働かないおじさんは本当に働いてないのか?」「本当に働いてないのは誰?」という、超基本的な問いについて考えていただきたいのです。

今から紹介する2人の登場人物は、果たして「働かないおじさん」なのでしょうか?

あるいは「働いているおじさん」なのでしょうか?　さて、どっち?

リストラは仕事か？　潰すのが仕事なのか？

【独白その1　元大手鉄鋼メーカー勤務　佐伯さん（仮名）62歳】

「私は50歳の時に関連会社に行かされました。役員待遇です。前任者はその会社で最後は社長になっていたので、自分もそうなると信じ込んでいました。

ところが、現実は予想もしない方向に進みました。私に与えられた仕事はリストラです。人事部とリストラ名簿を作り、一緒に働いたこともない社員を切る。それが終わると、また次の会社に行かされました。

部下の肩たたきは元の会社でもやっていましたが、さすがに自分のやっていることに嫌気がさし社員の顔を見るのも怖くなった。嫌がらせの電話が自宅にかかってきたこともありましたし、駅のホームでは線路側は歩かないようにしたり、精神的にものすごく疲弊しました。でも、そんな気持ちとは裏腹に変な優越感みたいなものがあった。自分は切る側の人間なんだ、会社に必要とされてる、会社のためだってね」

佐伯さんは最終的に3つの会社でリストラをし、会社を辞めました。きっかけは若い頃に世話になった取引先企業の社長さんです。

「『あんた何をやってるんだ。うちに来て働きなさい。前の会社ほどの給料は出せないけど、うちに来い！』と言われ、目が覚めました。普通に考えれば最後は私が切られます。私は会社の捨て駒だったのに自分が見えてなかった。結局、一つの組織に長年いると過去を生きるようになっていくんです」

佐伯さんは当時をこう振り返りました。

【独白その2　某有名企業勤務　原さん（仮名）53歳】

「お恥ずかしい話ですが、うちのチームは瀕死状態でした。もともとは花形の部署だったけど、売り上げは年々下がっていました。会社もＩＴ系に事業展開を進めていたので、いずれ淘汰される予定でした。私が異動になったのも部署を閉じるためだった。

でも、私は絶対に再生させてやるって思った。子供の頃から天邪鬼なんです。性格がネジ曲がってるんだね。だから必死でチームの業績を上げ、部下たちももものすごく頑張ってくれて、赤字が黒字になった時は本当にうれしかった。販路も広がったし、新しいコンセプトで商品展開できたことは、他社からも注目されました。会社も認めないわけにはいかず、瀕死だったうちのチームを課から部に格上げしました。でもね、私は課長から次長に格下げになった。ひどい話ですよ。

会社は部下を育てる上司も、チームの業績を上げた社員も評価しません。600万の黒字より5億の赤字の方が評価されるんです。IT系に参入し5億の赤字を出したヤツは降格になるどころか『ナイスチャレンジ!』ってねぎらわれてましたよ」

原さんは会社の仕打ちに腹の虫がおさまらず、人事部に不満を訴えました。結果はさらなる左遷です。「待ってました」と言わんばかりに関連会社に異動になりました。なんとも解せない仕打ちですが、やる人はどこでも、どんな環境でもやります。ダブル左遷の憂き目にあった原さんは関連会社でも成果をあげ、現在は役員として経営に参画。「今が最高に楽しい」と生き生きとした顔をしていました。

さて、会社の期待どおり〝リストラマシーン〟に徹した佐伯さんは、働いているおじさん

or働かないおじさん？　会社の期待を裏切って〝黒字〟を実現した原さんは、どうでしょうか？


「佐伯さんは会社の期待に応えたんだから、働くおじさんでしょ？」

「でも、働かないおじさんだったから、鉄砲玉にさせられたんでしょ？」

「原さんは会社の売り上げに貢献したんだから、働くおじさんで間違いないでしょう？」

「でも、会社の方針に逆らったら、働いてないのと同じでしょ？　会社員だし」

あなたの考えはどちらでしょうか？

あなたはどちらの意見に賛成ですか？

人事権がないのに人事に影響力がある、「大ジジイ」という魔物

では、まずは日本独特の「人事権問題」から説明させてください。

「隣の芝生は青く見える」とはよく言ったもので、日本の経営者たちは「アメリカは社員を

解雇できていい」とうらやみますが、アメリカの経営者たちは「日本では使えない社員を人事異動する権限が経営者にある」ことを羨ましがります。

　アメリカではラインのマネジャーに多くの裁量権が与えられ人事権もその一つです。採用、評価、解雇の権利は現場のマネジャーが握っています。自分が選んだ社員ですからそうそう簡単には解雇しません。年齢を理由に解雇することもできません。アメリカでは雇用される人が守られる制度が幾多もあるので「それおかしいんじゃね？」的問題が起こると、雇用された側が速攻で訴訟を起こし、法に基づく解雇か否かがとことん追及されます。採用する自由がある分、採用した責任を全うする必要が課せられるのです。

　かたや日本では人事権は経営者の特権事項です。鶴の一声で突然異動になったり、昇進したり、いとも簡単に社員のキャリア人生が決められます。コンプライアンスで決められていてもコンプライアンスを超える存在になりうるのが日本のトップです。

　やっかいなのは……、いや、やっかいとは失礼。最悪なのは……ん？　これまた失礼。とにかくキャリア人生が劇的に延びたことで、人事権がないのに人事に大きな影響力を持つ「大ジジイ」という魔物が生き延びるようになってしまったことです。

雲の上の存在である大ジジイ＝会長の前では、社長とて子うさぎです。「人事権は僕の専売特権なんだけどなぁ」と内心思いつつも、大ジジイの顔色をうかがいます。

大ジジイが会社に貢献してきた名経営者であればあるほど、社員の多くが敬愛するカリスマ的存在であればあるほど、「会長＝ルール」となりがちです。だからこそ引き際が大事なのに、大ジジイはつい、本当につい、引くタイミングを逸します。

権力は人を堕落させるという言葉どおりに、権力がもたらす絶対感に酔いしれ、自分を客観的に見られなくなっていくのです。

「ジジイの壁」を守るための人事異動

結果的に最高権力者である大ジジイは企業の神になり、自分たちが築き上げた楼閣＝「ジジイの壁」を守るためだけの忖度人事が行われます。

大ジジイ「子会社のリストラをしないと株主が納得しないだろ？」

中ジジイ「はい、もうすでに手は打ってあります」

大ジジイ「誰を異動させるんだ？」
中ジジイ「佐伯部長です」
大ジジイ「佐伯？　知らんな。使えるようだったら、他の関連会社もやらせた方がいいな」
中ジジイ「かしこまりました！」

大ジジイ「あそこの部署は採算が悪いから潰した方がいいんじゃないか？」
中ジジイ「はい、もうすでに手は打ってあります」
大ジジイ「誰にやらせるんだ？」
中ジジイ「原課長です」
大ジジイ「原？　知らんな。潰すだけだから誰でもいいか」
中ジジイ「ありがとうございます！」
　といった具合です。

大ジジイは自分の不始末や責任になるようなことを避けたいだけですから、人事に口出しはしますが、それまでの働きぶりとか、異動先でどういう成果を出すとかどうでもいいのです。

つまり、リストラマシーンにさせられた佐伯さんも、瀕死の部署を再生された原さんも、たまたま貧乏くじを引かされただけ。ただの「運」です。

運悪くジジイたちの餌食になっただけで、「あの人（佐伯さん）、働かないおじさんだから異動になったんだよ」「あの人（原さん）、会社の方針さからってやっぱ使えないね」などと周りに思われてしまうのですから、これ以上の理不尽はありません。

申し遅れましたが「ジジイの壁」という言葉は、拙著『他人をバカにしたがる男たち』（日経プレミアシリーズ）で使った私の造語です。「ジジイとか言うな」「ジジイは差別用語だろ」と鼻息を荒くする人たちもいますが、「ジジイの壁」は「おじさんの壁」と言い換えるほどやわじゃありません。ベルリンの壁より厚くチョモランマよりも高く、強度は鉄をはるかに上回ります。そもそもここでいう〝ジジイ〟とは、年齢的なものを指してるわけでも、男性のことを批判しているわけでもありません（女性にもジジイはいます）。

組織内で権力を持ち、その権力を組織のためではなく自分のために使う人たちのことで、彼らが「自分の保身のため」に築き上げた壁が「ジジイの壁」です。

これまで度々取り上げてきた「スーパー昭和おじさん」の上昇志向が、組織の内側に向かうようになると「ジジイ化」するので要注意です。

「地位が人を作る」という言葉があるように、階層社会の階段を昇ると高い知識やモラルが育まれる一方で、怠惰、愚考、堕落などのマイナス面も同時に生じがちです。特に経営層の同質性が高い組織ほど、自分でも気が付かないうちに肩書きなどの属性で人を判断するようになったり、「逆らわない」「危険をおかさない」がモットーになったり、「既得権益大好き！」になったり、つい、本当につい、あちら側に足を踏み入れがちなので油断は禁物です。

もちろんスーパー昭和おじさんの中にはジジイ化しない胆力を持ち合わせた人もいます。組織の「微かな良心」です。ただし、大ジジイに飛ばされてしまうリスクがありますから、組織最上階に上りつめるのは至難の業かもしれません。

大ジジイは情をかけるのがうまい

会社という組織で、ジジイの壁が張り巡らされ、忖度命！ のやり取りが日常的に成立するのは、日本の会社組織に「日本的マゾヒズム」が深く根付いていることを意味しています。日本的マゾヒズムとは、日本人、とりわけ、日本の企業に根付いた精神性で、上からの命令で、無理難題を押し付けられても、次第に理不尽が理不尽でなくなってしまい、逆にそれを望んでしまうような心理状態です。

日本的マゾヒズムが定着した理由とプロセスの詳細は第3章で説明しますが、日本的マゾヒズムの上下関係は「義と情」で成立します。下は上に「義」を尽くし、上は下に「情」で返す。それが上への忠誠心をさらに高め、上の心情を推し量るスキルに長けた人ほど手厚い「情」をゲットすることが可能になります。

また、若い頃から改革派と呼ばれた大ジジイ、組織を牽引してきたパワーある大ジジイほど得てして「情」をかけるのがうまい。絶妙なタイミングで「一つ頼むよ」と部下の肩をポンと叩き、「ずいぶんと頑張ったじゃないか」と後輩を飲みに誘い、「さすがだね〜」などとときには同期までも盛り上げます。

その割に頻繁に人違いをしたり、名前を間違えていたりするのですが、それは人間臭さとして人望を得るネタになったりするので、お見事と言うしかありません。

「長いものに巻かれろ!」が蔓延る組織の末路

さて、大ジジイが会長・社長レベルなら、会社組織における中ジジイの役職は何か? ということになるわけですが、役員レベルと考えて問題ありません。

その関係性がいかに「義と情」で成立しているかを生々しく浮かび上がらせたのが、2023年1月に公表された出版大手KADOKAWAの元会長、角川歴彦《つぐひこ》被告が贈賄容疑で逮捕・起訴された事件に関する外部調査委員による報告書です。

KADOKAWAの事件を巡っては、東京オリンピック・パラリンピック競技大会組織委員会元理事の高橋治之被告側への資金の提供が、「贈賄に該当する可能性がある」と法務部門から事前に指摘され、一部の「役員」には共有もされていたにもかかわらず実行され、内部通告も生かされませんでした。

調査委員が行った社員へのヒアリングでは、「長いものには巻かれろ！　こそが最良の処世術」という証言が多数を占めていました（以下、KADOKAWA　ガバナンス検証委員会調査報告書【公表版】から抜粋。一部要約・補足）。

●（内部通報をしても）左遷されたり、人の不利益を被ったりするだけという諦めと、止められないという思いがあったので、行動に出ることはできなかった。

●ある時まで元会長に重用されていた幹部が意見を述べたところ、その後重用されなくなった。

●「○○を局長にしたい」時は、人事関係の委員会の前に元会長へ話を通しておく儀式（面談）があり、「会長デビュー」と呼ばれていた。

さらには、

●社外取締役の選考も「人選・任期は元会長が仕切っていたのが事実。お知り合いの方ばかり」だった。

●そんたくにより、バラ色の事業計画が作成される。案件がうまくいかない場合に、フィードバックが行われない。元会長に叱られることを恐れての虚偽報告が行われていた。など

など……

おそらく元会長に近い席をゲットした役員ほど、元会長の下で若い時から身を粉にして働き、KADOKAWAを引っ張ってきた〝先鋭部隊〟の一員だったのでしょう。

元会長に尽くす社員の「義」を元会長は「情」＝昇進で返し、それがますます元会長への忠誠心を高めたことは容易に想像できます。役員たちは、いつからか働くことをやめ、元会長に義を尽くすだけの存在＝ジジイの壁に巣食う輩に成り下がりました。

これが本当の「働かないおじさん」です。

急激に狭まった「ジジイゲート」

大ジジイが「会長・経営者・社長」、中ジジイが「役員」ってことは、小ジジイは？　ということになるわけですが、小ジジイは「部長」です。

「ジジイゲート」は急激に狭くなった

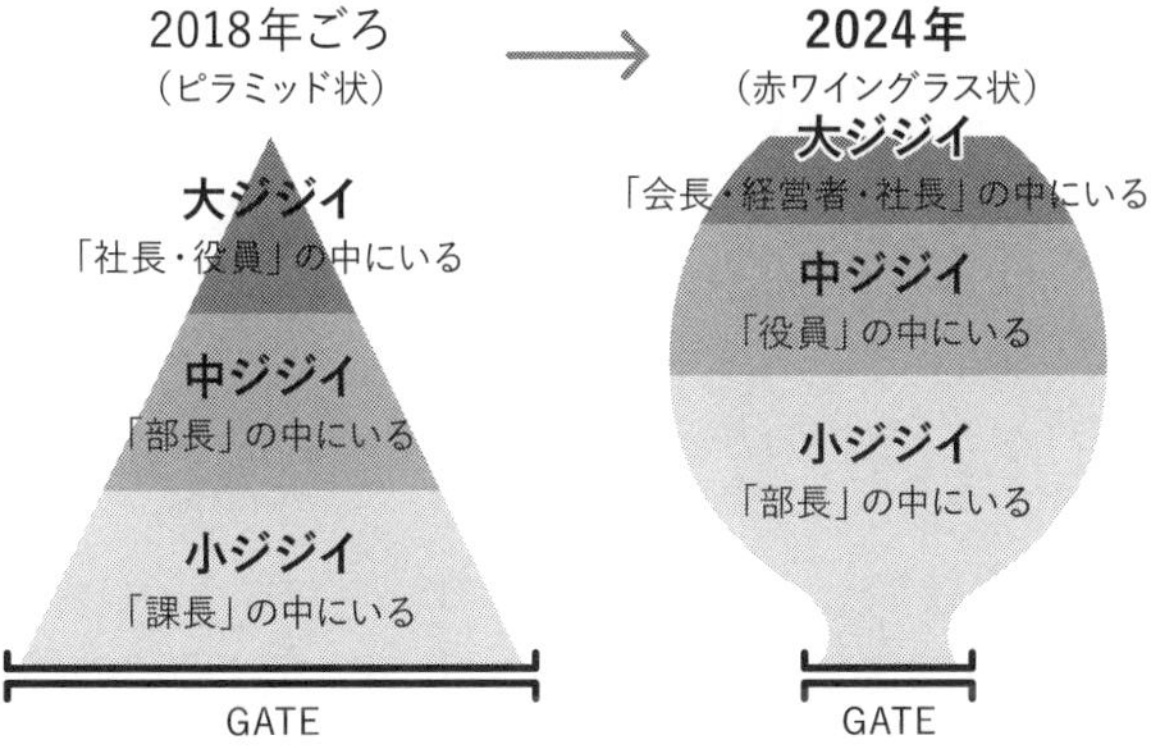

２０１８年に拙著『残念な職場』（ＰＨＰ新書）を書いた時は、ジジイヒエラルキーを「大ジジイ＝社長・役員クラス、中ジジイ＝部長クラス、小ジジイ＝課長クラス」に分類していましたが、会長になってもなお、人事権を握る大ジジイが後を絶たなかったことに加え、「ジジイゲート」が急激に狭まったため、ジジイヒエラルキーもアップデートしました。糞詰まりが起きているわけですから、ジジイゲートを通過する社員はごく一部です。それ以外は残念ながら捨てられます。身も蓋もありませんが確実に捨てられます。

捨てられ方はさまざまですが、圧倒的多いのが「ハシゴ外し」です。ジジイゲートが広く開いていた時代には、ちょっとしたミスがあってもなし崩し的にスルーされ、ミスが露呈しても「誰の責任か?」などとむやみに追及するようなことは起こりませんでした。

組織で起こる問題の多くはたった一人の人物が原因で起こるわけじゃないので、下手に責任を追及すると自分に火の粉が降りかかる恐れがある。したがって、暗黙の「無責任同盟」がジジイゲートを目指す人たちの間で結ばれていたのです。

しかし、ジジイゲートが狭まれば話は別です。ちょっとしたミスをライバルは決して見逃しません。たとえそれが「僕の責任ですか?」という類いのものであろうとも、「ここだ!」とばかりにあの手この手でライバルのハシゴ外しに精を出し、閑職に追いやります。

「トカゲの尻尾切り」はこうして行われる

また、ジジイゲートをうまいこと通過して晴れて小ジジイの椅子をゲットしても、役員レベルの中ジジイに捨てられるケースも少なくありません。いわゆる「トカゲの尻尾切り」です。

例えば、常務(中ジジイ)から「君の裁量に任せる。失敗したら俺が責任を取る」と言われていた案件が失敗したとしましょう。社長（大ジジイ）から責められた常務は、「私は計画を何度も見直せと言ったのに、花丸部長は『大丈夫です』の一点張りでした。責任は花丸にとらせます」と弁明して、大ジジイを納得させるかもしれません。どんなに花丸部長が「常務が……」と反論したところで、階層の下の者に勝ち目はありません。むしろ立場は悪くなります。道理や真実に関係なく、軍配は絶対的優位の上司に上がります。これが日本的マゾヒズムの掟です。

一方で、ジジイゲートから弾かれた社員も、子飼いにしてくれた中ジジイに見放された小ジジイも、それまで頑張りを支えていた愛社精神や上への忠誠心のやり場に苦悩し、会社員アイデンティティは揺らぎ始めます。

ここで誕生するのが「モラトリアム型働かないおじさん」です。

モラトリアム型働かないおじさんの「お客様根性」

「モラトリアム」はもともとは経済用語で、支払い猶予期間を意味しています。

これをアイデンティティ論に用いたのがアメリカの精神分析学者のE・H・エリクソンです。エリクソンは青年期を「心理的モラトリアム」と定義し、自己アイデンティティを確立する＝大人になるまでの猶予期間としました。ハシゴ外しにあった会社員も、トカゲの尻尾切りにあった小ジジイも、それまでに確立していた会社員アイデンティティを維持できなくなった人たちです。

かといって、エリートコースから外され、次に確立すべきアイデンティティが何かも分からない。支払い猶予期間の終わりが決められないまま閑職に追いやられるのですから、モチベーションはただ下がりです。

元小ジジイ（元部長）は「△△会社の人事部長」「○○会社の事業部長」と「この紋所が目に入らぬか！」ばりに過去の栄光を振りかざし、立派な評論家、批判者たろうとすることでしか自己の存在を示せません。かたや元ジジイ候補にはその元気もなく自分の殻にこもります。すべてのものから距離を置き、傍観者となることでしか自尊心を保てません。

両者に共通するのは「自分の居場所はこんなとこじゃない。帰属意識など持ったらおしまい」というお客様根性です。「だったらさっさと辞めて、もっとすっばらしい会社に行きゃいいじゃん」と思うのですが、何者でもなくなった自分を恥じる気持ちと、自分のやってきたことへの自負心が複雑に絡み合っているのでなかなか踏ん切りがつきません。次を決めない、ずるずるいく、まさにモラトリアム状態です。

そうこうしているうちにバブル世代特有の「なんとかなるさ〜」という己の声が聞こえ、「今まで散々頑張ってきたんだから、ちょっとくらい楽させてもらってもバチはあたらんだろう」と働かないおじさん化を加速させます。

モラトリアム型働かないおじさんは、役職定年などで肩書きを奪われた人たちがステレオタイプ脅威で働かないおじさん化するプロセスとは異なりますが、その末路は同じなのです。

ジジイからの逃走を果たした会社員のその後

ジジイ候補生や小ジジイの中には正気を取り戻す人も少なくありません。

彼らは持ち前の上昇志向から、ジジイの壁に片足をひっかけたり、踏み入れていた人たちですが、ジジイたちと戦うのがほとほと嫌になったり、突然「希望退職の募集」のメールが送られてきたりして、義を尽くす無意味さに気づき、「次行こう、次！」と自分の意思で働くためにジジイから逃走しました。

私がこれまでインタビューした「ジジイからの逃走」を遂げた人たちは、みないい顔をしていました。ある人は起業し、ある人はジジイの壁のない若い人たちだけの小企業に就職し、ある人は知人や友人を頼りに海外の事業に関わっていました。

彼らは「自分の市場価値の低さ（＝賃金）に衝撃を受けている」「（若い人が多いから）就業中も音楽がかかってるのは慣れない」「独立したけど、スケジュールがなかなか埋まらないのはしんどい」とぼやきつつも、うれしそうに笑います。肩書きなど全く役に立たない現実に苦労しながらも、彼らはみな前に進むことで不安を解消していました。

彼らには共通して「ここで腐ってたまるか」という自分への怒りがありました。

自分の立場に戸惑い、なかなか成果の出ない状況に悩みながらも、「このままじゃつまらない」とあらがい、主体的に動いていました。目の前の仕事を「少しでもいい仕事にしてやる」と意地を見せ、年齢や性別の違う人たちに敬意を払い、彼ら・彼女らとゆるくつながり、学

び の芽を決して逃さず、助けを乞うのを恐れていませんでした。年を重ね、ちょっとだけ偉くなったりすると「傘を借りるなんてみっともない」と思いがちですが、ジジイと別世界で生きる昭和おじさん・おばさんは実にしなやかです。

そういう人は若い人からも中高年からも、男性からも女性からも好かれます。何とかしたいと前を向いて頑張っている人に、手を差し伸べる優しさが人にはある。たとえ相手が年上であれ、元部長であれ、年下であれ、万年ヒラの昭和おじさんであれ、何か役に立てば、と傘を差し出します。

人は「成果と責任」の世界に身を置いて初めて「真の私」と向き合うことに成功し、ただの「人」として他者とつながれるようになっていくのです。

何者にもなれなかった中年ヒラ世代

ジジイの壁に巣食うスーパー昭和おじさんの身勝手で、無間地獄に追いやられた世代がいます。それは40代。いわゆる就職氷河期世代です。

「氷河期世代はパワハラ、長時間労働、低賃金の三重苦に耐え、精一杯生きてきました。その後は働く環境も改善されましたが、恩恵を受けるのはいつも次の世代です」

「上の世代のようになりたくないので、自分も勉強してるけど、記憶力が落ちて効率が悪くて悲しい」

「希望した大企業は採用がなかったので、地元の中小企業に就職しました。すべて自分でやらなきゃだったぶん鍛えられたし、スキルも身についたので独立しました。その直後にコロナです。また死にそうな思いをさせられました。なんとか生きてますがこの先も厳しい状況が一生続くのが、私たちの世代だとあきらめています」

これらは拙著『40歳で何者にもなれなかったぼくらはどう生きるか』（ワニブックス）で紹介した、リアル40代の人たちから寄せられたコメントです。

上の世代は年齢と共にそれなりのポジションに就き給料も上がっているのに、僕らにはそれがない。上の世代は課長代理とか肩書きが付いて部下なし管理職で好き放題やっているのに、もはや代理のポジションもない。転職したくても履歴書に書ける肩書きがない。会社は下の世代を優遇することに必死で、僕らの世代は無視され続けている。一生ヒラで何者にもなれなかった僕らは、この先どうキャリアをつなげていけばいいのか？　この先どうやって生きていけばいいのか？　――彼ら・彼女らは将来不安に苛まれていました。

改めて言うまでもなく「氷河期世代」を作ったのは経営者側のご都合であり、会社組織の人口ピラミッドをいびつにしたのも経営者側の問題です。

なのにその責任を省みることもなく、景気が回復してもこれといった手立てを国も企業もとりませんでした。やっと、本当にやっと２０１７年に重い腰を上げましたが、どれもこれも全く問題解決に至っていません。

氷河期の正社員化支援、実現は目標の10分の1

２０１７年度にスタートした「就職氷河期世代の人たちを正社員として雇った企業に対する助成制度」（特定求職者雇用開発助成金〈就職氷河期世代安定雇用実現コース〉）の利用額はわずか「１割未満」。約５億３０００万円の予算のうち17年度中に利用されたのは、たったの７６５万円（27件）、18年度は約10億７０００万円に予算を倍増したにもかかわらず、同年12月末までに約1億2800万円（453件）しか使われていません（日本総合研究所2019年5月29日付、Viewpoint「就職氷河期世代への支援の在り方を考える」）。

2019年に政府は〝氷河期世代に能力開発を！〟という失礼な掛け声のもと、氷河期世代の正社員を3年間（20～22年度）で30万人増やす計画を打ち出しましたが、最終年度の段階で目標の10分の1、たった3万人しか正社員は増えていません。おまけに656億円の予算のうち、各省庁が実施した約60事業の中には氷河期世代の人が本当に参加したのかどうか分からない事業があるなど、めちゃくちゃです（毎日新聞2022年7月8日付「氷河期支援、効果に疑問　正社員増、目標の10％」）。

氷河期世代は所得の減少幅が最も大きい

日本経済新聞が2012年7月30日付朝刊で、若年層の就業者が勤続年数によって「どれだけ賃金が上がるか？」をシミュレーションしており、2000年に働き始めた世代は、勤続年数を経ても2倍程度にしか賃金が増えず、そのまま横ばいになる可能性があり、それより以前に就職した人たちより生涯所得が最大で3割減るとしていました。

ところが、現実はもっと厳しいものでした。

内閣府によると、バブル崩壊後の1994年から2019年までの25年間で、会社員の年収の中央値は「550万円から372万円へ」と著しく減少し、とりわけ氷河期世代が含まれる45～54歳の減少幅が大きくなっていました。1994年の826万円から195万円も下がっていたのです。

また「35～44歳の単身世帯」の所得のボリュームゾーンは、1994年の500万円台から、300万円台へと200万円ほども減少していたことも分かりました。むろん先のシミュレーションとは使っているデータも対象も同じではありません。しかし10年前の予想を上回る〝地獄〟が続いていると解釈しても間違いではないでしょう。

【年代別中央値の変化】

25～34歳　470万円→429万円　▲41万円
35～44歳　657万円→565万円　▲92万円
45～54歳　826万円→631万円　▲195万円

55〜64歳　５６０万円→５３２万円　▲28万円
65歳以上　50万円→38万円　▲12万円

その上、政府は２０２３年度の「骨太の方針」に、退職一時金課税制度の見直しを盛り込みました。「勤続20年を境に勤続1年あたりの控除額が40万円から70万円に増額されることが労働移動の円滑化を阻害している」というのが理由です。

勤続20年に相当するのは40代の氷河期世代です。

これでは純粋に「この会社で最後まで頑張ろう！」と考えていたやる気ある社員まで、長年身につけたスキルと「住宅ローンもあるし困ったね」といった生活問題とをてんびんにかけるようになります。これは会社や国を支える土台を潰すようなものです。

「大きな組織の上層部には、立ち枯れた木々のように無能な人々が積み上げられている」という名言を吐いたのは、組織に無能な上司が多い理由を説いた「ピーターの法則」で知られる米国の教育学者で社会階層学者のローレンス・J・ピーターです。

日本の立ち枯れた木々は、ただ単に無能なだけではなく、権力を自らのために使うことで成立するジジイの壁を築いてきました。彼らは成果という言葉を好むのに、その成果の責任はすべて下層の社員に押し付けます。

さて、働いていないのは、いったい誰なのでしょう。よーく考えてみてください。

第3章

なぜ働く意欲をなくしてしまうのか

階層主義国ニッポンと日本的マゾヒズム

企業とは「生きざまを見せる舞台装置」

「企業とは……現代社会の〝男の生きざま〟を見せる一つの舞台装置――」

いたく渋いフレーズで始まるこの本のタイトルは、『男たちの履歴書――昭和の企業家の熱気とロマン』（1981年刊）。著者は作家の加藤廣さんです。

戦後の高度成長期を牽引した企業の創業者たちの「人」としての姿を描いたこの作品に登場する32人の男たちには、共通して日和見主義を説得するような情熱と、目の前に立ちはだかる高い壁を次々と乗り越える勇気と知恵と志がありました。彼らは「共に生きる仲間＝社員」を大切にし、走り回っていました。

1953年に不二電機工業を創業した藤本和夫さんはどこよりも早く工場の冷暖房を整備し、「社内の明るさ、清潔さは滋賀県随一といってよいくらいだ」と著者の加藤氏が太鼓判を押すほど働く環境にこだわりました。

日本初の絨毯を作ったオリエンタルカーペットの創業者・渡辺伝吉さんが残したノートには「従業員には最高給を与えよ」「休憩時間にはつとめて外部の空気を吸わせよ」「工員の福

利増進を考えることが生産の第一義である」と記されていました。

我が国初の弱電用高周波絶縁材料のフォルステライト磁器の人工合成に成功した京セラの創業者・稲盛和夫さんは、紹介状もなく旅費は友人から借り集め、渡米。その結果、米航空宇宙局（ＮＡＳＡ）のアポロ計画に採用され「世界の京セラ」にのしあがりました。

精密小型モーター「アウターローターモーター」を作った日本電産（現ニデック）の永守重信さんはカバン一つで渡米し、精密ファンの世界トップメーカー、トリン社に13回も通い続け、「ユーの会社はわが社と合弁会社をつくるべき」と押しまくり目的を達成しました。

以前、東京都三鷹市にある三鷹光器の創業者であり技術者である中村義一さんを取材した際、「ものづくりと会社を経営することは一緒ですよ。作った品物とおカネを交換するだけのこと。シンプルに考えればいい。金儲けばかり考えているとおかしくなる」と教えてくれたことがあります。

三鷹光器は１９６６年に創業した小さな町工場です。１９８３年、宇宙科学研究所のＳＥＰＡＣ計画に参加し、ＮＡＳＡのスペースシャトルに搭載される特殊カメラを納品することに成功します。名だたる大手テレビ製造企業を抑えた末の快挙でした。

戦後の経営者たちは必死だった。そして、自由だった。さまざまなシステムが崩壊した戦後の日本で、自分の頭で考え、無謀と言われようと何だろうと自分を信じ、社員と共に汗をかいていたのです。

労働基準法は、先人たちの誠実さと汗と誇りの賜物

加藤廣さんは経営者たちの〝生きざま〟を執筆した理由をこう記しています。


「昭和四十六～七年に始まる公害闘争を契機とした反企業ムード。その頂点となった五十一年のロッキード事件。その過程を経て起った現代の〝しらけ社会〟に対する気持にほかならない。『企業はそんなものばかりじゃない』それがいいたかったのである。もし企業にロマンがないならば、ロマンを抱くべきだ。そう訴えたかったのである」

（加藤廣著『男たちの履歴書――昭和の企業家の熱気とロマン』東洋経済新報社、前書き）

ロマン。素敵な言葉です。ロマンには「夢や冒険へのあこがれ」という意味もあります。日本という国が欧米以外の国として唯一の工業化を達成し、経済力で欧米諸国と肩を並べたのは、まさに冒険でした。

戦後の日本には社会的階級や経済的階級に関係なく「もっと豊かになろう！」「人間らしい暮らしをしよう！」という共通の夢がありました。戦争という悲しい共通経験により、共感と思いやりがあふれていました。

先人たちの〝思いやりの軌跡〟は、私たちの身近な問題にも反映されています。例えば、労働基準法です。

1947年に労働基準法が制定された時に、中心的役割を果たした労働省の課長だった寺本広作氏は、参議院議員時代に著した自伝『ある官僚の生涯』（非売品、1976年）で、当時の様子を次のように語っています（以下、文中の「彼」とは寺本氏本人のこと）。

「立案された条文は1条1条、課員の全体会議にかけて検討した。（中略）議論に熱が入り過ぎて時には摑み合わんばかりの激論になることもあった。一番議論が白熱したのは労働時間の条文であった。国際労働条約の1日8時間制を取り入れたいのはやまやまであったが、破壊しつくされた当時の日本では8時間労働で国民の必要とする最低生活を支えることは、不可能ではないかという疑問が出た。1週間も激論が続いたあげく、労働組合との協定があれば25パーセントの割増賃金で時間外労働をさせることができるという結論に到達した」
（寺本広作著『ある官僚の生涯』P93）

当時、日本の会社員の1日の労働時間は10時間です。日本中に住む家もない人があふれ、官僚たちもまた腹を空かせ厳しい生活を強いられている中、「人たるに値する生活を日本人にさせたい」という強い思いが官僚たちを突き動かした。割増賃金を欧米の50%の半分＝25%にしたのも、日本の経済復興を阻害しないための妥協案でした。

経営者も政治家も官僚も〝ロマン〟を原動力に「社会」のために頑張った。個人が豊かさを求めて頑張れば社会が豊かになり、社会が豊かになれば個人も豊かになる。社会の一員としての義務を果たすことに対する報いが社会に存在したのです。

「ジジイの壁」はこうして張り巡らされた

そして、生まれたのが「一億総中流社会」です。

当時の日本には貧しい人もいたし、経済的格差もあった。それでも実に9割の人が「自分は中流である」と認識できた。給料が増え、ものが増え、娯楽も増え、「私はもっともっと豊かになれる」「私はもっともっと幸せになれる」と誰もが信じた時代です。

しかし、その裏でじわじわと資本主義の悪しき面が広がっていきます。

1972年、第3次佐藤内閣で通商産業大臣だった田中角栄は「日本列島改造論」を発表し、同年7月に田中内閣組閣後、経済社会基本計画に盛り込み実行します。コンピュータ付きブルドーザーと呼ばれた角栄は、卓越した頭脳と行動力で剛腕ぶりを発揮。この新手で荒手な計画で民間企業を中心に土地投機が爆増し、「土地買えや、儲かるぞ」と大枚を注ぎ込む土地転がしと、「うちに工事させてくださいよ」と政治家に〝まんじゅう〟を差し出す有象無象どもが日本中に現れました。癒着の始まりです。

カネで政治家と企業の権力者たちとが結びつき、拝金主義、金権政治など欲望丸出しのジジイたちは、楼閣＝「ジジイの壁」を張り巡らしていきました。角栄がのちに〝闇将軍〟と呼ばれていたことからも、いかにジジイの壁の内部に権力が集中する構造ができあがっていったかが分かります。戦後最大の疑獄といわれるロッキード事件もジジイの壁の中の秘め事の一つです。

一方で、企業の経営者たちは、「作った品物とお金を交換するだけ」というシンプルな経営を忘れ、「儲かるためだけの経営手法」を求めるようになりました。その手法の一つが、人を限界まで働かせ金を得る「長時間労働」です。

「何で日本人は死ぬまで働くんだ」

1973年の第1次オイルショックでそれまでの好景気は一変し、大規模な雇用調整が行われました。そこで政府は企業に助成金を出して雇用を守ろうとしました。

ところが景気回復後、助成金により社員を解雇しなかった企業が高需要に対応するために少ない人数のまま長い時間働かせることで生産性を向上させようとします。おかげで

1960年以降は改善傾向にあった長時間労働が、残業の増加や休日出勤、不規則な夜勤などで復活し「残業文化」が定着します。経営者が考えた、魔の働かせ方です。

1970年代後半、中間管理職の会社員が突然、心筋梗塞や心不全、脳出血・くも膜下出血などの疾患で命を失う悲劇が多発。亡くなる人たちは休む間もなく長時間労働をし、遺族はみな「過労で死んだ」と語ったそうです。

そこで杏林大学医学部衛生学教室助教授だった上畑鉄之丞医師は、過重な働き方による結末を「過労死」と名づけ、遺族の無念を研究課題として体系づけたいとの思いで、1978年に日本産業衛生学会で「過労死に関する研究――第1報 職種の異なる17ケースでの検討」を発表しました。

しかし、医学界からは「過労死なんて病名はない」と批判され、遺族が労災を申請しても一向に認定されませんでした。「だったら裁判だ!」と弁護士たちが立ち上がり次々と勝利。1988年には「過労死110番」を設置し、次第に「過労死」という言葉が社会に広がります。

1989年にはアメリカの『タイム』誌に過労死が取り上げられるなど、海外のマスコミも取材にくるようになりました。それほどまでに「過労死」は日本独特の異常な現象でした。上畑先生は当時の状況を語ったインタビューで、80年代初頭、イタリアで行われたシンポジウムに参加した際に、イタリアの人から「何で日本人は死ぬまで働くんだ」と不思議がられたと話しています（LIBRA Vol.14 No.4 2014/4）。

なぜ、会社員たちは過酷な残業を受け入れたのか？
なぜ、過労死するまで日本人は働き続けたのか？
なぜ、海外の人たちはそれを不思議がるのか？

その鍵を握るのが「日本的マゾヒズム」。世界に類を見ない階層主義国日本に深く根付く日本人独特の文化です。

階層主義国ニッポンと日本的マゾヒズムの変貌

「日本的マゾヒズム」は、戦後流行った日本人論や日本文化論で使われた言葉です。

『日本人の心理』（1953年、岩波新書）の中で日本的マゾヒズムという言葉を使った社会心理学者の南博先生は、「理不尽さをかいくぐることで理不尽を理不尽と思わなくなり、自ら理不尽な状態を望むような心理状態」と説明し、徳川時代から今日（1950年代）まで、日本の精神教育はすべて「日本的マゾヒズム」を植え付けることに集中されてきたと説きます。

日本的マゾヒズムにおける権威・権力は「天道にこそ負けるが、人間社会では法よりも道理よりも強く、これに逆らうことは心得違い」です。

徳川の時代には、「長いものには巻かれよ、太いものには呑まれよ」と民衆は教え込まれました。明治政府の指導者たちも、権力への無条件の服従心を民衆に植え付けることが、権力を保つための大きな手段と考えていたようです。戦争中には軍隊で階層上階のものは下のものに言葉と暴力で権力の恐ろしさを染み込ませ、学校や家庭においても同じように強制され、奨励されました。

日本人の人間関係は「上」が「下」に忠義の心と奉公の行いを要求するところから始まります。そのかわりに「上」のものは「下」に愛情と感謝の念を示します。それがますます上への忠誠心を高め、世界に類を見ない強固な階層主義ができあがりました。

南先生の論考は本が出版された1953年までの「日本人の心理」なので、僭越ながら〝その先〟を加えさせていただくと、日本的マゾヒズムは高度成長期に会社組織に深く根を下ろしたのではないかと私は考えます。下＝部下にとってどんな過酷な労働でも自ら進んで受け入れるのが「義」、上＝上司はそれを評価し「情」で返しました。

体力があり、昇進意欲あふれる男たちは日本的マゾヒズムに過剰適応し、上司からの暴力を「愛があれば許される」と許容し、「怒鳴られるのは期待されている証しだ」などと自ら受けた暴言や暴力を肯定するなど、〝日本的マゾヒスト〟として勢力を拡大します。一方、それらの理不尽に耐えられなかった男たちは、声をあげることもできず、同僚に相談することもできず、会社を去るのを余儀なくされました。当時の日本で「転職」がネガティブに捉えられていた背景には、日本的マゾヒズムの影響もあったのでしょう。

私たちは、ものごとの見方や行動は「私」が決めていると信じて疑いません。しかし、実際には、その国の文化＝社会、すなわち当たり前とみなされている行動を、無意識にとっているのです。

とはいえ、日本的マゾヒズムが日本の躍進に深く貢献したのも事実です。集団の秩序は階層性が強固なほど守られ、集団が直面する問題が複雑であればあるほど、階層上階の権力あるものが決定を下し、それに下のものが従った方が迅速に一体となって行動できます。

また、当時の権力者には「徳」を積む度量もありました。日本的マゾヒズムはある側面からは「異常な心理」ですが、義と情と徳がうまく回っている間は、それが日本の企業の強みでもあったわけです。

「社員は家族」と豪語する社長がリストラを行った理由

1974年に行われた朝日新聞社の世論調査（面接）で、53%が「仕事はうち込んでやるべきもの」と答え、「生活のためにやむを得ないもの」の30%を大きく上回っていたことからも、仕事の目的はおおかた「上」に義を尽くすことだったと推察できます（朝日新聞2020年11月20日付「世論調査のトリセツ　仕事は生きがい？　生活のため？」）。

しかし、どんなに「下」が健気に義を尽くしても、権力がもたらす恍惚感を一度でも味わった輩は、身勝手で、無礼で、倫理にもとる行動をとり、平気でおバカな決断をする輩に成り下がります。

日本的マゾヒズムに過剰適応した組織のエリート＝日本的マゾヒストたちは、情を忘れ、徳をないがしろにし、権威・権力は「天道にこそ負けるが、人間社会では法よりも道理よりも強く、これに逆らうことは心得違い」という教え＝日本的マゾヒズムを悪用するようになってしまったのです。

かつて「家族は社員」と豪語する経営者を取材したことがあります。15年以上前です。その経営者は飛ぶ鳥を落とす勢いで事業を拡大し、ビジネス誌はこぞってインタビューや特集を展開。まさに時代の寵児でした。その数年後、彼は何の説明責任も果たすことなく、生産ラインの仕事を大幅に縮小し、希望退職者を募ります。正確には、ただのリストラ。強制的に〝希望退職〟させたのです。

なぜ、「社員は家族」と豪語していたのにリストラを行ったのか？　その真意を問うために再び取材させてもらったところ、彼はあっけらかんとこう答えました。

「それが本人のためだからですよ。仕事がない会社にいつまでもいるよりも、自分を求めている会社に行った方がいいに決まってるでしょ。親心ですね」

なんともありがた迷惑な親心です。

日本的マゾヒストの「責任」は実に曖昧です。権限の決め事はあっても責任の決め事はありません。責任のがれが都合よく、最も簡単に行われるのです。

軽視されつつある日本の「心理的契約」

日本的マゾヒズムがうまく機能していた頃の経営者と従業員、会社と会社員の関係性は、「心理的契約（Psychological contract）」という概念で説明できます。これは「組織によって具体化される、個人と組織の間の交換条件に関する従業員側の知覚」を意味し、心理的契約は法的な契約や職務内容とは異なり、あくまでも個人の認知に基づきます。アメリカのように明確な契約書がある場合にも、心理的契約は重要な概念です。どんなに詳細に明文化しようとも不測の事態は常に生じます。その穴を埋めるのが心理的契約です。

また、働く人のモチベーションやパフォーマンスは、法的な契約よりもむしろ、心理的契約の度合いによって左右されることは国内外の調査研究でコンセンサスが得られています。

1958年に経営学者のジェームス・アベグレンが著書『日本の経営』（日本経済新聞出版）の中で、日本企業の特徴は「終身雇用に代表される心理的契約にある」としたとおり、日本企業の雇用関係は心理的契約によって支えられてきました。これを見習ったのが欧米の企業です。終身雇用＝長期雇用を企業経営の柱にして世界的成功を収めた米SASインスティチュートはその一つです。

SASインスティチュートは世界最大規模の統計解析ソフトウェア開発企業で、ビジネス誌『フォーチュン』が毎年発表する「Fortune 100 Best Companies to Work For（最も働きがいのある会社ベスト100）」の2010年版でグーグルなどを退けて1位となった会社としても、広く知られています。1976年の創業以来、SASを牽引してきたジム・グッドナイト氏は、「会社の成長に必要なのは全社員を雇い続けること。経営にとって最も重要なのは社員を信じること」と説きます。成長が著しかった2000年代のソフトウェア企業の年間の離職率は20％を大きく超えていましたが、SASの年間離職率は4％以下。社員には自分の仕事以外のスキル研修を年に最低2つはとるように義務づけ、半年以上1つのポジションに就いた後は他のポジションに応募できる機会や、スキルを生かすためのいくつものプロジェクトがあり、社員がいくつものキャリアを社内で経験できる社内転職制度も作りました。

30年前からすでに日本の格差は拡大していた

かたや日本の経営者は「ダムサイジング（Dumbsizing）」を拡大し、心理的契約の不履行へ突っ走ったのはご承知のとおりです。

〝Dumbsizing〟は、リンカーンエレクトリックの最高経営者だったドナルド・ヘイスティングスが、1996年の経営管理学会で、downsizingをもじって使った言葉です。人件費を削るなどの経費削減が、長期的には企業の競争力を低下させるとする研究者たちの研究結果を用い、自らの経験を交えて、「ダムサイジング」と名づけました。日本の経営者が〝新しい〟と信じている経営手法は、海の向こうですでに否定されていたとは、皮肉としかいいようがありません。

ついでに申しますと、1980年～90年までの10年あまりの間に日本のジニ係数（所得格差の度合いを示す指数）は急激に高まりました。夜の街にカネを使いたくてたまらない人が溢れかえっていたバブル期に、普通の暮らしができない人たちが急増していたのです。しかしながら、社会は依然としてパンとサーカスに酔いしれ、「ジジイの壁」に巣食うジジイ化した〝日本的マゾヒスト〟たちは広がる格差など歯牙《しが》にもかけませんでした。

ついでのついでに申しますと、1980年代後半の国民所得の伸び率はたったの3～5％程度だったのに対し、実質資産や金融資産の価格は急騰。これは、富裕層＝資産保有者の所得の成長率だけが伸びていたことを意味します（橘木俊詔著『日本の経済格差』岩波新書）。

今になって政府は「分厚い中間層」だの、「新しい資本主義だ！　格差をなくすぞ！」と騒いでいますが、30年以上前から恵まれた人がさらに多くを手に入れ、そうでない人は失い続ける社会、中間層などない未来に突き進んでいたのです。

「労働」はしていても「働いて」いない日本人

結局、「私」たちは働いていていません。

「いやいや毎日働いてるって。こんなに忙しいんだからさ」。おそらくこう口をとがらせる人は多いことでしょう。

しかし、日本で日々繰り返されているのは、奉公としての労働です。

働く人のことを、今の日本人は「労働者」と呼びます。至極当たり前に、です。しかし、「働く」は能動的ですが、「労働」は強制です。

労働という言葉は、明治維新以降に西欧から輸入された"Labour"の訳語です。"Labour"は奴隷が行うもので、意志と自由を奪われ、雇用主(=会社)が儲けるためだけには労働力を提供する働き方として西欧では理解されていました。

労働のなかった日本では「働くこと=人が動くこと」が仕事で、働く時間は働き手がコントロールしていました。例えば、日本人の働き方は農業に代表されるように、お天道様に合わせたものでしたし、江戸時代の職人と呼ばれた人たちも、時間とは無縁の働き方をしていて、今の時代の人が見たら「なんてダラダラと働いているんだ」とあきれるような働き方だったともいわれています。

ところが明治時代に「労働」が輸入され、時間は雇用主が管理するものになった。サラリーマン（給料取り・職員と呼ばれていた）という言葉が生まれたのも、明治初期です。明治30年代には、年功賃金や新卒一括採用の萌芽も出現しました。大正時代になると「サラリーマン」という言葉は一般化し、休日には家族サービスをする様子が当時人気だった『時事漫画』に描かれています。

そして、昭和・平成を経て、いつしか日本人は労働の奴隷になった。あまりにそれが当たり前になりすぎて、労働を働くことと同義だと思い込んでしまいました。働くことと労働は「月とすっぽん」くらいかけ離れているのに労働に明け暮れている。「働く」という行為は人が幸せになるための最良の手段なのに、取っ替え引っ替えがきく機械の部品のように扱われ、耐えきれず、「働くことからの逃走」が起きているのです。

では、労働ではなく働くとはどういうことなのか？

その違いをかなり深刻な問題でコミカルに教えてくれたのが、2011年に公開された映画『人生、ここにあり！』です。

「労働」と「働くこと」の小さくて大きな違い

『人生、ここにあり！』は、精神病院を廃絶するバザリア法が1978年に制定された、80年代のイタリアで起こった実話に基づく映画です。

舞台は1983年のミラノ。労働組合員のネッロは、異端すぎたために反発を招き、新たな組合に左遷されてしまいます。そこは廃止された精神病院の元患者たちで構成された協同組合でした。

家族にも見放された150人近い精神障害を持つ〝彼ら・彼女ら〟は、周りからも「どうせ大した仕事はできないから」と切手を貼るだけの仕事を任されていました。当人たちも「どうせそれくらいしか自分たちにはできない」と、無気力に単調な仕事をこなしていました。その覇気もない空気感に耐えかねたネッロは「自ら働いておカネを稼ぐこと」を持ち掛けます。ところがネッロの提案に元患者たちは大反対。「無理」「やりたくない」「自分たちにできるわけがない」と批判が相次ぎました。

そんなある日、ネッロは1人の元患者が、独創的なデザインで封筒に切手を貼っていることに気づきます。「これはすごい！」と感動したネッロは、患者たちの個性を活かせば、絶対におもしろいことができると確信し、再び「強みを生かせば十分稼げる！　稼ぎたくないのか？　ホントにこのままでいいのか？」と連日元患者たちにけしかけます。最初は無関心だった元患者たちも次第に自分から意見を言うようになり、討論の結果、封筒ではなく床に、切手ではなく板を張る「床張り」を請け負う事業を立ち上げることになりました。

床張りの仕事を請け負った元患者たちでしたが、板が足りなくなるという事態に遭遇。「もう仕事できない」とみながやる気を失う中、それまでさぼっていた1人の男性が捨てられていた廃材を見つけ、組み合わせて使おうと提案します。彼らは廃材で星の形をモザイクアートで描き、できあがった床にクライアントは大喜び。次々と注文が舞い込み、元患者たちは「自分で働いて、認められて、稼ぐ」働きがいや生きがいを取り戻していく……というストーリーです。

彼らの合言葉は映画の原題でもある「Si può fare（やればできる！）」。

人の可能性を無限に広げるのが「働く」という行為であり、「働く」ことは他者とつながること。仕事が「他者との協働作業で成立する」ことを教えてくれる、心に染みる名作が『人生、ここにあり！（Si può fare＝やればできる！）』です。

潜在能力のスイッチは自分を信じる気持ちから

おそらくここである矛盾に気がついた人がいるかもしれません。

日本的マゾヒズムに過剰適応した階層最上階のマゾヒストたちは、高いノルマを与え「やればできる！（Si può fare）」とけしかけます。いわゆる「精神主義」です。

「頑張ればなんとかなる」「やる気があれば苦しくない」と社員を鼓舞し、身を粉にして働くことを推奨し、体を壊すか精神を病むかギリギリのところでノルマを達成した人が表彰されるような出来事は、つい数年前まで日本中にありふれていました。

確かに、ある程度のプレッシャーが人の潜在能力を引き出すことはありますが、潜在能力

＝人の可能性のスイッチは「私」しか押せません。

ＶＲ（仮想現実分野）の第一人者として知られる東京大学大学院情報理工学系研究科准教授である鳴海拓志先生と対談した時、おもしろい「人の力」を教えていただきました。アバターを使った実験で、自分のイメージをアバターによって変えることで、発揮する能力が変わるというのです（日経ビジネス電子版、河合薫・鳴海拓志氏対談「アバターは『昭和型の社会』を変えるか？」）。

例えば、被験者に「ＶＲの中でひらめきが必要な問題を解いてもらう」実験で、生身に近いアバターを使うと、リアル世界でやる場合と成績に変化は出ません。ところがアインシュタインのアバターを使って問題を問いてもらうと、成績が上がるというのです。「自分は賢いんだ！」というイメージを持つことができ、ひらめきが増えるのが理由だそうです。

また、アバターを使った「ダンベル実験」でも実に興味深い結果が出ています。

ＶＲに「自分のリアルな姿」が映っている時、ダンベルを58秒間上げることができた人が、ガリガリのやせっぽっちのアバターにするとたったの22秒しか上げられませんでした。

逆に、筋肉もりもりのマッチョなアバターにすると、なんと1分12秒も上げられ、リアルな自分の記録を14秒更新しました。

同じ人がやっているのにマッチョとガリガリで、50秒間も違いが出るとはびっくりですが、マッチョの自分ならまだまだいけると信じたからこそ「潜在能力」を発揮できた。人の潜在能力＝可能性のスイッチは、自分を信じる気持ちからしかオンになりません。真の精神主義とは、「自分を信じる力」であることが科学的に証明されたのです。

社員が「自分はこれをやりきることができる」と自分の行動への確信＝自己効力感を高めるには、そういった環境づくりが不可欠です。当然、それを整備するのは階層最上階の権力と権限を持つ「スーパー昭和おじさん」の義務であり責任であることは言うまでもありません。

第4章

日本的マゾヒズムの呪縛から逃れる

集団のSOCを高める

日本的マゾヒズムの病巣を象徴する事件

日本中が連日体温並みの暑さに襲われた2023年7月上旬、はらわたまで煮えくりかえるような事件が報じられました。

ゴルフボールを靴下に入れて振り回し、車体を叩くなどして保険金を水増し請求した〝ビッグモーター事件〟です。意図的な車の破損もさることながら、年収5000万円という超成果主義や2代目の恐怖人事、さらには遅きに失した感ありありのトップのまるで他人事記者会見まで、開いた口を塞ぎたくても塞がらない出来事のオンパレードでした。

これまでも企業の不正や不祥事が発覚し、「私は寝てないんですよ!!」と追いかけまわす記者たちに逆ギレしたり、「安く建てて売るが常識になってましたんで」と飄々と言い放ったり、「他の誰よりも肉の知識があったためにこんなことを考えついた!」と悪びれる様子もなく豪語したりするトップたちの無責任さや傲慢さにうんざりさせられてきました。しかし、兼重前社長の記者会見や、同社の調査委員会の報告書に記された社長と役員、社員たちとの関係性ほど、日本社会の闇＝日本的マゾヒズムの病巣をつまびらかにしたものはありません

（以下、報告書から抜粋・要約）。

●板金塗装部門の経験者の27・2％が「不正な作業に自ら関与したことがある」とし、不正な作業を行った理由を58・6％が「上司からの指示」と回答。

●不正な作業が行われた原因について、68・3％が「会社が売上向上を最優先していた」、43・7％が「上司からの不正な指示に逆らえない雰囲気があった」と回答。

●取締役会が開催されたことがない、コンプライアンス担当役員がいない。

●経営陣の一存で降格人事が行われていた。

●営業成績を上げるための不適切な行為があるという社員の申し立てが、副社長及び社長により事実上黙殺されていた。

40ページにわたる報告書の一部を見るだけでも、社員たちが「義」を尽くさざるをえないほど、「権威・権力は天道にこそ負けるが、人間社会では法よりも道理よりも強く、広く深く日本的マゾヒズムが張り巡らされていた」ことが分かります。

権威・権力が法よりも道理よりも強くなった企業の社員は、自分の頭で考えることがないのでありえない愚行を平気でやらかすのです。それが当たり前になっていくと、最初の頃に抱いた罪悪感や自責の念まで消滅します。

御社の「日本的マゾヒズム度」チェックテスト

書いているだけで鬱々とした気分になってきましたので、ちょっとブレイク。次の10の質問に、「はい・いいえ」でお答えください。

1. 有給休暇をとるのに理由が必要だ
2. 「頑張ればなんとかなる!」が合言葉
3. 社長の顔を見たことがない
4. 役員専用エレベーターがある
5. 上司に挨拶してても返してくれない

6. 会議で「君の意見は聞いてない」と言われる
7. 女性役員が一人もいない
8. パワハラを密告すると飛ばされる
9. 組織変えが頻繁にある
10. 体育会系体質が強い

これはあなたの会社の「日本的マゾヒズム度」チェックリストです。これまで全国津々浦々1000社以上の企業を回った経験と、1000人以上のトップとお会いして見聞きしたことをもとに作りました。

「はい」の数が多いほど日本的マゾヒズム度が強く、階層最上階に権力が集中していることを意味します。逆に「いいえ」の数の多さは、会社組織が「company＝共に（com）パン(panis）を食べる仲間（y）」として機能していることを示しています。コンパニーとは共同体、コミュニティです。

会社が会社であるためには、組織の利害関係者であるオーナーと従業員、供給業者、中間取引先、製品やサービスの最終顧客、メディアなどのすべてを一つの共同体（コミュニティ）と考える意識が経営者には必要不可欠です。「売り手よし、買い手よし、世間よし」。日本経済の発展に大きく貢献した江戸時代の近江商人の精神である「三方よし」です。

会社とは社会全体のものであり、「我が社が社会に存在する意義＝会社アイデンティティ」があってこそ成立します。その「会社アイデンティティ」を支えるのが、我が社が「大切にすべき有形無形の道具」です。

そして、会社という存在に息を吹き込むのが、経営者も含めたメンバー一人ひとりの「ミッション」です。ここでのミッションとは「自分は何者で、なぜ、そこにいるのか？」といった自己のアイデンティティであり、危機を乗り越えるための正義であり、個人が働く上で欠かせない信念です。

例えば、航空会社が大切にすべき有形の道具は「飛行機」で、無形の道具は「安全」です。たった一機の飛行機を飛ばすためにすべての社員がそれぞれの職場で、「乗客の命の重み」を絶対に手放さないためのミッションを胸に働いてこそ、航空会社は社会のリソースとしての役目を全うできます。

「社員の顔を見る時間」を毎日設けている社長

これまでお会いした1000人以上の組織のトップの中には、いい経営をしているトップもいました。

どの企業も長寿会社で、創業時の会社アイデンティティを大切にしていました。トップは人間的な誠実さを感じさせる人たちで、その誠実さはシンプルなルーティンで支えられていました。会社のホームページに記載されることもなければトップインタビューで経営者が自ら語るものでもない、いわば「秘密のルーティン」です。

いつしか私の口癖は「長く続く元気な会社には秘密がある」になり、創業○○年という会社のトップにお会いするたびに秘密を探りました。本人たちにとっては「ただの日常」なので、「秘密と言うほどでもないんだけどね～」と、逆に私の質問をおもしろがりました。

ある会社のトップは「秘密と言えるかどうかは分からないけど、先代の頃から管理職とは朝メシを一緒に食べるんだよね～」と話し、「ふら～っと現場に行くことかな。うちは全国に20カ所支店があるんだけどね、ふら～っと行くの。社員もね、『社長がまた来たよ～』って、郵便屋さんが来たみたいに扱うからおもしろいよね～」と話す社長さんもいました。

また、某大企業の社長さんは本当の「秘密」を教えてくれました。

「社長に就任して全社員の前で挨拶をした時にね、一人ひとりの顔を見て『社員と社員の家族を絶対に路頭に迷わせちゃいけない』と震えちゃったんです。あの時の思いを決して忘れないように、社員の顔をちゃんと見る時間を毎日作っている。社員の顔を見て震えている社長なんて恥ずかしいから、絶対に言っちゃだめだよ」

社長さんは「人」を見た。経営の基本である「敬意・信頼・共感」を実現するために自分も「人」であり続ける努力をしていました。会社のトップが「人としての誠実さ」と「トップとしての社会的責任」を決して手放さなければ、不正や不祥事は起きません。ましてや「ジジイの壁」など生まれません。

誠実な経営（Integrity Management）という言葉があります。CSR（企業の社会的責任）の中核をなす概念で、「コンプライアンス（法令順守）した上で、自社の理念・価値観によって物事を判断し行動する企業」と一般的には定義されています。

単に法令を順守するだけでなく、高い次元での確固たる経営哲学＝ミッションを経営者が持ち、「我が社が我が社であり続ける」＝会社アイデンティティと大切な道具を社員と共有し、社員各々の「ミッション」が遂行できた時に初めて「誠実な経営」は実現します。

社員が、会社を我がことと思える会社。
一緒に働く同僚を、自分のことのように思える会社。
社会全体を、我がこととして社会の利益になるようふるまう会社。

これらすべてが〝当たり前〟という空気が、誠実な会社には存在します。その温かい空気の産物が、画期的な商品だったり、世界を驚かせる技術だったり、他社には真似できないサービスだったりするのです。

栗山監督が3人の選手に送り続けたメッセージ

いつだって現実はドラマよりドラマティック、それでいてドラマが決して描けないひずみが存在します。日本中が熱気に包まれた〝あの時〟もそうでした。

2023年3月22日（現地時間21日）、WBC決勝戦で大谷のキレッキレのスライダーにトラウトのバットが空を切った瞬間、選手がマウンドに駆け寄り、侍ジャパンの歓喜の輪ができ、日本では大勢の人たちが狂喜乱舞しました。

しかし、勝利の美酒に酔う侍ジャパンのメンバーの中には、〝舞台〟に立てなかった選手がいました。牧原大成、周東佑京、山崎颯一郎の3選手です。内外野の12名のうちスタメン出場がなかったのは牧原と周東だけ、15名の投手のうちマウンドに一度も立てなかったのは山崎だけ。「今日こそは」「この次こそは」と期待したはずなのに出番はなかった。これが勝つチームに生じる「ひずみ」です。

チームとは均質化したメンバーの集団ではなく、ある種の力関係やヒエラルキーが存在し、自分の限界と向き合うことを必然的に強いられます。ＷＢＣでは先の３人の選手にその試練が与えられました。

しかし、彼らは決して腐らなかった。凱旋帰国した２０２３年3月23日夕方に行われた記者会見で、選手全員に「一言」が求められ彼らはこう話しました。

「なかなかね、このすごい選手がいる中でスタートから試合に出ることはなかったんですけど……。最後の優勝する瞬間に守備について優勝を迎えられたことは、すごい僕の中でいい経験になりました」（牧原大成）

「え～、なかなかこういう経験はできないと思うので、自分の中ですごい財産が残る大会だったなと、はい、思います。ありがとうございました」（周東佑京）

「自分自身、一回も投げてないんですけど、すごくいい経験ができてよかったです」（山崎颯一郎）

華々しい活躍をした選手たちに注目が集まる会場で、言葉を紡ぐのは苦しかったはずです。思うように活躍できなかった自分を恥じる気持ちもあったはずです。

しかし、マイクに向かう彼らの表情には熱がありました。自分には未来がある、と叫んでいるようでもありました。

なぜ、彼らはひずみに埋没せずにいられたのか。

なぜ、彼らはひずみを未来のエナジーに転換できたのか。

それは「言葉」。チームを率いる栗山英樹監督の「あなたは大切な人」というメッセージがあったからです。

出番のない選手が腐ることなく活躍できた理由

「試合にずっと出ることができなかった選手もいたと思います。本当に嫌な思いをさせたと思いますけど、それは本当、勘弁してください。チームが勝つために一生懸命考えてやったことなので、勘弁してください」（決勝戦から1週間後の2023年3月29日に侍ジャパンの公式X（旧ツイッター）が公開した動画より）。

優勝した日、栗山監督は選手が待つミーティング会場で最初に向き合ったのが〝彼ら〟でした。「全選手がチームに参加している」という気持ちを持つための努力を最後までしていました。

人は、信頼されている、愛されている、見守られている、認められていると認識できてこそ、安心して目の前の難題に全力で取り組めます。メンバーの頑張りは相乗効果を呼び、さらに個々人のパワーアップにつながり、1＋1＝3、4、5……というチーム力の高い組織ができあがります。

目の前の社員を大切にしない企業

TEAMの語源は、〝Together Everyone Achievement More〟です（他の解釈もあり）。多種多様な人材を、すべてのメンバーを輝かせてこそチーム＝会社は生きるのに、日本の経営者が信じるのは「チーム」より「個」。チーム力より個の力です。

数年前は「英語がしゃべれなきゃグローバル競争に勝てない」と騒いだかと思えば、その後は「高度人材だ」と外国人集めに躍起になり、最近の関心はもっぱら「有能人材」です。ＡＩやらＩＴやらの時代が求める知識やスキルに長けた人を「高い賃金でお迎えします」と高級人参をぶら下げ、囲い込むことに必死です。

一方で、〝補欠〟には目もくれません。捨てることしか考えていません。50歳になった途端「おじさんいらん」と戦力外通告し、「おばさんいらん」と脂ののった女性を鬱陶しがります。居場所を失ったシニア社員を見た若い社員が、「どうせ捨てられるんでしょ」とやる気を失っていることにも全く気づいていません。

経営者がきちんと経営のお仕事をすれば、ダイヤの輝きがトルコ石のブルーグリーンを鮮やかにし、エメラルドの魅惑的な緑色がルビーの多色性をさらに深くし、それぞれの宝石＝メンバーが輝く唯一無二の「我が社の宝石箱」ができあがります。

「The whole is greater than the sum of its parts.（全体は部分の総和に勝る）」とは、古代ギリシャの哲学者アリストテレスの名言ですが、それと真逆な方向に進んでいるのが今の日本企業です。

しかも、階層最上階にいる一部の大ジジイたちときたら、リスキリング、ジョブ型、パーパス経営、ウェルビーイング、ワーケーション、エンゲージメント経営と次々とカタカナを使って「僕たち仕事してます感」を醸し出すスキルだけで、危機を乗り越えようとしているのですからお粗末としかいいようがありません。

おまけに高級官僚ときたら……これまた「僕たち仕事してます感」をアピールするばかりです。

「なにもしない」「傍観者でいる」という悪事

2022年、経済産業省が公表したレポート「未来人材ビジョン」が、「絶望」という言葉と共に大きな話題を呼びました（「未来人材ビジョン」https://www.meti.go.jp/shingikai/economy/mirai_jinzai/pdf/20220531_1.pdf　以下、内容の一部を抜粋・要約）。

「高度外国人から選ばれない国」「従業員エンゲージメントは世界最低水準」「日本企業の部長の年収はタイよりも低い」「人材の競争力は低下」「留学したい人減少」「海外で働きたいと

思わない新入社員増加」「企業の経営者は同質性が高い」「役員・管理職に占める女性比率が低い」などなど……確かに絶望です。

が、絶望の極みは、その後にありました。

「（今が）名経営者になれるかどうかの分かれ目ではないでしょうか。我々はその手伝いが出来ればと考えています。この『未来人材ビジョン』はその一歩です」

レポートを取りまとめた経済産業局長が、某ビジネス誌のインタビューでこのようにコメントしたのです。

要するに、あくまでも我々は傍観者だと。論評や批判はするけどあくまでも自分はお客様だと。「みなさん、いい加減変わらないとヤバいっすよ！」と危機感を知らしめるために、絶望のランキングを示しただけ。「私たちが日本を変えます。日本人が希望を持てる国にします」などと言う気はさらさらないのです。

「なにもしないことはなにもしないのではなく、悪いことをしているのだと観念すべきである」――

これは城山三郎著『官僚たちの夏』（新潮文庫）の主人公・風越信吾のモデルとして知られる佐橋滋さんの言葉です。消防士なら火の粉をかぶっても火の中に飛び込んでいく、役人の職責もこれと同じ、「なにもしなくていいような役所なら即刻辞めた方がいい」と一刀両断しました（佐橋滋著『異色官僚』社会思想社、Ｐ１６９）。

私なりに佐橋さんの言葉を解釈するなら、「僕たち仕事してます感」だけをアピールする官僚は全く働いていません。政治家も同じです。国の未来を考え、政策決定に大きな影響力を持つ高級官僚や政治家が働いてないのですから、変わり続ける世界からおいてけぼりをくらうのも納得です。

働かない政治家の残念な現実

そもそもなぜ、日本のトップは「自分の言葉」で話さないのでしょうか。国会では常に原稿を棒読みし、ぶら下がり取材でさえ原稿を読み上げ、記者会見でも記者の質問には原稿に書いてあることを繰り返します。

「そりゃあ、マスコミが言葉尻だけ捉えて批判するからだよ」と擁護する声もありますが、リーダーが持つ言葉にはどんなにナンバー2が持とうとしても持てない重みがあります。

「言葉」とは心の中の思いを乗せる船のようなもので、人はその思いを伝えたいから、自分の思いに一番近い船を探しメッセージを送ります。そして、伝えたい思いが船に乗りきらなかったとき、人は言葉だけではなく全身全霊で伝えようとします。ときには一筋の涙として、ときにそれは沈黙として、たましいから発せられた想いは聞いた人のたましいを揺さぶります。

日本のリーダーである総理大臣は1億3000万人の国民に「安心と希望と勇気」を与える武器を持つポジションです。なのに「自分の言葉＝武器」を放棄しています。政治家にとってそれは働いてないことと同義です。

政治家も官僚も個人はきっと働いているつもりなのでしょう。

しかし、社会の単位で見れば結局働いていません。1億3000万人が暮らす日本という国＝船が沈没しそうになっているのに、「海の中に飛び込む政治」になっていないのです。

かつて「グループ1984年」を名乗る保守派研究者の匿名グループが（1人の研究者と

いう説もある）、あらゆる文明が外からの攻撃ではなく内部からの社会的崩壊を通じての自殺だったとする「日本の自殺」と題する論文を寄稿。部分だけを見て全体を見ず、危機を正確に認識せず、創造力と建設的思考を衰弱させている現在の日本人の姿は、自らの繁栄に甘んじて滅びた古代ローマとダブると警鐘を鳴らしました（論文「日本の自殺」１９７５年『文藝春秋』２月号に掲載、２０１２年『文藝春秋』３月号に再録。同年に文春新書『日本の自殺』として刊行）。

今から半世紀近く前の警告なのに、事態は全く変わっていません。あいかわらず日本人は全体を見ることも、危機を正確に認識することもしません。「現在の日本人」（前述）には「私」も含まれます。

今の日本社会では、何を目的に頑張ったらいいのかさえ分からず、上にはむかうのもめんどうくさい。頑張って働くのもめんどうくさい、人間関係もめんどうくさい、すべてがめんどうくさいと思えるほど、人々の心はすさみ切っているように見えます。もはや今の日本には「自殺」するだけの勢いもないくらい、社会は衰弱しています。

幸せになれる人が持っている「SOC」とは

人は幸せになるために生まれてきました。人は生きるため、幸せになるために働いています。働くことは「私」と社会をつなぎ、人生を豊かにする最良の手段です。

生きる力=幸せになる力は、SOC（Sense of Coherence=首尾一貫感覚）と呼ばれ、「人生であまねく存在する困難や危機に対処し、人生を通じて元気でいられるように作用する人間のポジティブな心理的機能」です。分かりやすく言うと「世界は最終的に微笑んでくれる」という確信です。

SOCが高い人には「生きてりゃしんどいこともあるよ。それはそれとして、明るく生きようぜ！」というたくましさがある。ペシミズムの先にこそ、真のオプティミズムはあり、そこに導くのがSOC。すべての人に内在する不思議な力です。

SOCは環境で育まれ、形成されます。成人のSOCの形成には職場環境が大きな影響を与えます。土台になるのは「職務保証（job security）」です。職務保証は「会社のルールに違反しない限り解雇されない」という確信と、「自分の仕事が対案も予知も計画もないままに消滅することはない」という確信を働く人が持てた時に成立します。

つまり「終身雇用＝長期雇用」は制度ではなく経営者の経営哲学であり、覚悟です。それが働く人の心に届いてこそ、働く人に「ルールに決して違反しない」という責任が芽生えます。これが第3章で書いた「心理的契約」の本質です。

上司とも同僚とも仲良くしたくない日本の会社員

プロローグで、働く行為にはおカネ＝経済的利点以外に「潜在的影響」と呼ばれるものが存在すると書きました。

1日の時間配分、生活の安定、日常的な身体及び精神的活動、他人との規則的な接触、家族以外のコミュニティへの参加、自由裁量及び能力発揮の機会、他人を敬う気持ち・他人から敬意を示される機会などです。これらは（おカネも含めて）「個人のSOC」を高めることに役立ちます。

なのに「労働の奴隷」に成り下がった1990年代以降の日本の職場は、働く人のSOC

を高めるところではなく、それを弱める残念な場所になっています。働けど働けど賃金は上がらず、能力発揮の機会もない。裁量権もなければ、他者の接触や他者への敬意も軽んじられています。

SOCの形成には、自分の半径3メートル世界の人たちとの質のいい関係が不可欠なのに、それが圧倒的に欠損しているのが、今の日本の職場です。

日本（東京、埼玉、千葉、神奈川の1都3県）、米国（ニューヨーク）、フランス（パリ）、デンマーク、中国（上海）で働く大卒以上の30代、40代の人間関係や働き方、企業との関係性の実態を明らかにすることを目的にしたアンケートで、日本が他国とは異なる傾向を示すことが分かりました。（リクルートワークス研究所「Works Report 2020『5カ国リレーション調査』」）。

「勤務先の上司との人間関係」について、「一緒に過ごすと活力がわく」「キャリアの新たな挑戦を後押ししてくれる」「もしも生活に困ったら助けてくれる」の3項目で日本は5カ国中最下位。「勤務先の同僚との人間関係」では、「仕事がうまくいくように助言や支援してくれ

人間関係についてあてはまるもの 勤務先の上司

［ベース：人間関係 交流あり］

	n	一緒に過ごすと活力がわく	仕事がうまくいくよう助言や支援してくれる	キャリアの新たな挑戦を後押ししてくれる	もしも生活に困ったら助けてくれる	どれにもあてはまらない
全体	1051	16.6	59.3	42.9	11.1	15.8
日本	250	11.2	55.2	18.8	6.4	30.8
アメリカ	284	20.1	62.3	43.0	12.3	14.1
フランス	219	18.3	50.7	56.6	11.9	16.4
デンマーク	30	36.7	76.7	46.7	26.7	3.3
中国	268	14.2	64.9	53.7	11.9	4.5

（複数回答：%）

人間関係についてあてはまるもの 勤務先の同僚

［ベース：人間関係 交流あり］

	n	一緒に過ごすと活力がわく	仕事がうまくいくよう助言や支援してくれる	キャリアの新たな挑戦を後押ししてくれる	もしも生活に困ったら助けてくれる	どれにもあてはまらない
全体	1901	33.2	57.4	35.7	15.2	12.5
日本	406	30.1	49.4	14.8	5.4	26.9
アメリカ	483	35.6	64.0	39.5	18.6	9.9
フランス	461	33.8	54.4	43.0	18.9	11.7
デンマーク	124	41.1	58.9	41.1	28.2	13.7
中国	428	30.4	60.3	41.6	12.9	2.1

（複数回答：%）

注：全体／国別／国×無期雇用・有期雇用別／エンゲージメント人材・一般人材別
出所：リクルートワークス研究所「Works Report 2020『5カ国リレーション調査』」

る」を含めたすべてで最下位でした。

さらに「働く上で重視しているもの」では、「仲が良く楽しいチーム」「目標に向かって努力するチーム」「キャリアアップを支援する上司」というコミュニティに関する項目が他国では上位にランクしていたのに対し、日本は圧倒的に低くなっていました。

「日本はメンバーシップ型なので、日本の会社員は会社の仲間に溶け込むことを優先する。だから個の力が発揮でない」とよく言われますが、思いの外、日本の会社員は上司とも同僚とも一緒にいたくないようです。

「利己的でないと生き残れない」という悲しい勘違い

人間関係における問題は、職場だけにとどまりません。

CAF（Charities Aid Foundation）が毎年行う「世界寄付指数」、別名「人助けランキング」でも日本はビリグループです。2022年は世界119カ国を対象に行われ、日本は119カ国中118位（前年は114カ国中114位）。

同様の結果はギャラップ社が2015年に実施した調査でも確認されています。「過去1カ月の間に、助けを必要としている見知らぬ人を助けましたか」という質問に「はい」と答えた比率は、日本は25％で、調査対象国140カ国中139位です（Global Civic Engagement）。日本人は優しい、日本人は親切、日本人は思いやりがある、と「私」たちは信じてやみません。しかし、その優しさや親切心は、自分に利をもたらしてくれる人だけに向けられているのではないでしょうか。

実に残念ですが、あまりにも理不尽が多すぎて、報われないことだらけで、「私」たちは「利己的でないと生き残れない」と勘違いするようになってしまったのです。

「敗戦キセル」に見る戦後日本人の高いSOC

SOCは個人だけでなく集団にも存在します。1979年にSOC理論を提唱したユダヤ系アメリカ人の健康社会学者アントノフスキー博士は、集団が直面する危機や困難には、集団のSOCの高さが各々のメンバーの心の動きを左右するとして、集団のSOCに着目する意義を強調しました。

ここでの集団とは、家族や村や町などの地元、自分の職場のチームや会社、学校や学級など、共通する特徴を持つことで結びついているコミュニティです。そういえばかつて「お天気お姉さん」をやっていた頃「祭りの多い村は災害に強い」という話を聞いたことがあります。祭りの多さは、集団のSOCの高さの象徴だったのでしょう。

かつてアントノフスキーは「アジア、とりわけ日本のSOCは高いだろう」と推察したとされています。日本人の母と子の強い愛のきずな、地域の結びつきの強さが、SOCのレベルを上げている可能性がある、と。

確かに、終戦直後の日本にスポットを当て、日本人が困難から立ち上がる姿を描いてピュリツァー賞を受賞したアメリカの歴史学者ジョン・ダワーの著書『敗北を抱きしめて』に描かれる、虚脱と絶望に襲われながらも、明確な目標に向かってふんばって生きる日本人の姿は、SOCの高さを窺わせます。

「1945年10月には、日本式の真鍮製のキセルが闇市で売られた。（中略）これは機関銃の薬莢と高射砲の砲弾から作ったものであった。人々はそれをなんと呼んだだろうか。もちろん〝敗戦キセル〟であった。こうした皮肉は敗戦の痛みと屈辱を軽減するのに役立った」（ジョン・ダワー著、三浦陽一・高杉忠明訳『敗北を抱きしめて〈上〉』岩波書店、P210－211）

このように当時の日本人はどん底の感情を笑い飛ばすことで、困難を乗り越えていました。「私」の敗北を笑い飛ばしてくれる人がいたからこそ「私」も敗北を嘲笑できた。「生きてりゃしんどいこともあるよ。それはそれとして、明るく生きようぜ！」「このままで終わってなるものか」という思いが、それぞれの集団で共有されていたのです。

先ほど日本が寄付や人助けをしない国といいましたが、SOCが高かった頃の日本人は、世界から感謝される行いをしていました。

開発途上国での援助を生業とする知人は「アジアに行こうが、アフリカに行こうが、どこに行っても『日本は本当によくやってくれている』と感謝される」と教えてくれたことがあります。

集団のSOCは個人の力だけでは高まらない

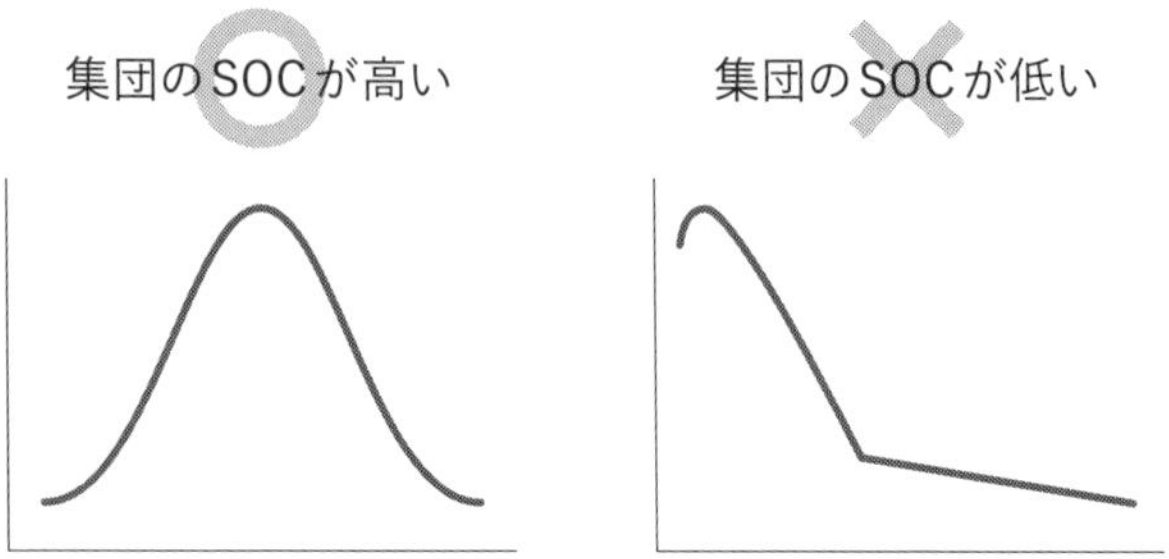

「アメリカやＥＵ各国の援助と異なり、日本の援助は外交政策の押しつけがなく、開発途上国のニーズを捉えた援助に徹してきた。現地の言葉でコミュニケーションを取ろうと努力したのは日本だけ。日本人の謙虚さ、礼儀正しさ、勤勉さを見習うべきだと、開発途上国の政府関係者は口を揃えてお話ししてくれる」

私は知人の話を聞くだけで誇らしくなりました。世界が日本を称賛したのは、第二次世界大戦後経済力で欧米諸国と肩を並べるまで成功を収めたからだけではありません。「私」と同じように生きてきた人生の先輩たち一人ひとりの力が、世界が認める「ニッポン」の礎《いしずえ》を築いてくれた。先人たちは自分の頭で考え、日本人の謙虚さ、勤勉さを武器に、誰もが主体的に働いていました。日本のＳＯＣは高かった。個人のＳＯＣを高める集団としてのＳＯＣの高さが日本社会に存在したのです。

ただし、「個人のＳＯＣの平均値＝集団のＳＯＣ」ではありません。一部のＳＯＣが高い人が平均値を押し上げても、集団のＳＯＣは高くなりません。メンバー個々人のばらつきが少ない状態（正規曲線）にある集団で、すべてのメンバーが「自分はチームの一員である」と思えてこそ、集団のＳＯＣは高くなります（右記イメージ図）。

それでもこの世界で生きていかねばならない

今、私たちが生きる社会は、生きづらい社会です。しかし、どんなに理不尽な世界だろうと、どんなに政治家が国民経済を蔑《ないがし》ろにしようとも、どんなに官僚が「なにもしないことは悪いことをしていること」だと観念できなかろうとも、私たちはこの世界で、この日本という国で、生きていかねばなりません。

「いや、そんなに卑屈になる必要ないんじゃね？　だって自分、そこそこ稼げてるし、将来に不安もないし。それにほら、日本の『おもてなし』って外国人から人気でしょ？　日本っていい国なんじゃね？」

こう小鼻を膨らませる人もいるかもしれません。

では、この現実を見ても同じことが言えるでしょうか？

●日本の子供の「身体的健康」は38カ国中、第1位ですが、「精神的幸福度」は38カ国中37位（ユニセフ『レポートカード16』）

●孤独感を抱える人は全体の37・3％、年代別では20〜29歳が最も高い42・7％（特定非営利活動法人「あなたのいばしょ」と国立研究開発法人科学技術振興機構〈ＪＳＴ〉「コロナ下での人々の孤独に関する調査」）

●ひとり親世帯における相対的貧困率は48・1％。ＯＥＣＤ34ヵ国中最下位（厚生労働省『令和元年国民生活基礎調査の概況』）

●スイスのビジネススクールＩＭＤ（国際経営開発研究所）の「世界競争力ランキング」（2023年版）で、1989〜92年まで4年連続で日本は1位だったが、現在は35位。

さらには日本のSOCの低さを象徴するやりきれない事実もあります。

小中高校生の自殺者数は、統計がある1980年代以降、最も多い514人（2023年厚生労働省発表）。世界的に見れば日本の経済力は高く、豊かで、医療・衛生環境も整っている国なのに子供や若者の自殺死亡率が、G7の先進諸国に比べ圧倒的に高いのです（『令和3年版自殺対策白書』）。

「労働をやめて、働く」ということ

「あなたの職場では、すべての人が生き生きと働けていますか？」

「あなたの職場では、すべての人に能力発揮の機会がありますか？」

「あなたの職場では、仕事がうまくいくように互いにサポートする人間関係がありますか？」

こう聞かれた時「はい」と即答できる職場。「はい」と言えなくても「まだ問題はあるけど、そうなるように変わろうとしている」と断言できる職場。

そして、何よりも「あなたの国は、子供が希望を持てる国ですか？」と聞かれ、「はい！」と一人でも多くの人が即答できる国を目指す。

集団のSOCを高めるには

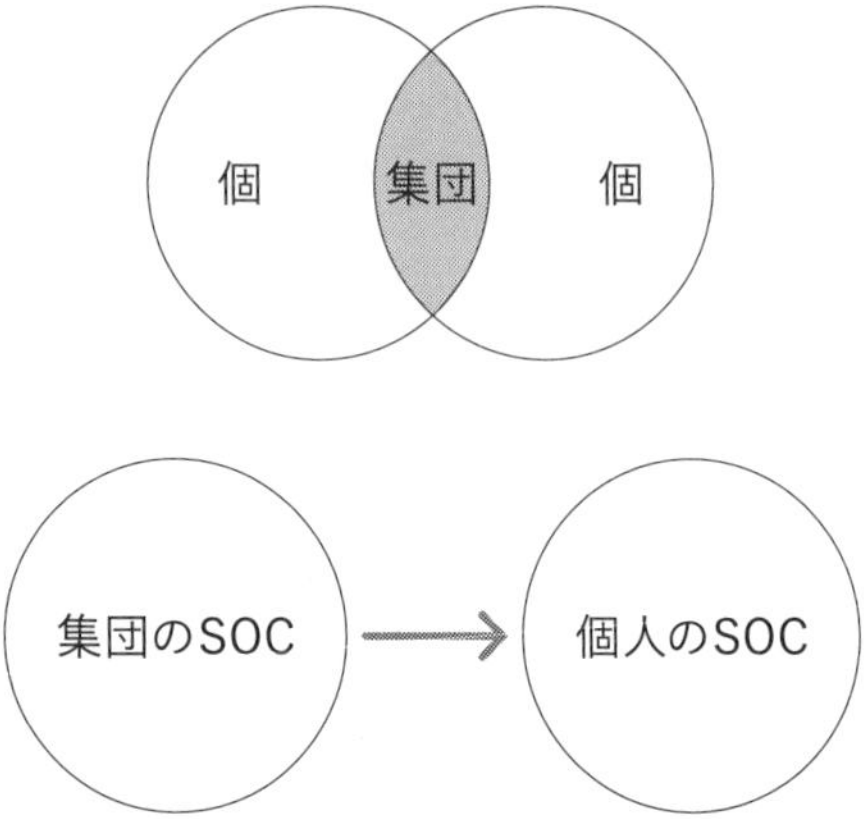

政治家にならなくとも、官僚にならなくとも、ましてや経済界の重鎮にならなくても、「私」にできることがまだまだあります。私が期待するのはこれです。

SOCを個人が高める、それが周りの人にプラスの影響を与える。個々人が周りに与える影響が重なりあって、少しずつ集団のSOCが高まる。そして、高まった集団のSOCが個人のSOCの向上を促進する。そんな好循環を生み出してはどうかと考えているのです。

ここでの集団は自分の「半径3メートル世界」です。「ちょっとちょっと」とすぐに顔をみて声をかけられる集団です。職場の自分が所属するチームです。会社は変えられなくとも、半径3メートル世界のチームなら変えられます。決して難しくありません。「労働をやめて、働けばいいだけ」です。

生きることのモチベーション要因は「有意味感」

その鍵を握るのが「有意味感」です。

SOCは「把握可能感＝自分が直面した困難を把握し、理解できる感覚」「処理可能感＝直面した困難に対処できる、問題解決できると思える感覚」「有意味感＝日々の生活を送る中で出会った出来事や困難が自分にとって意義や価値があり、あるいは挑戦とみなせる感覚」の3つの感覚で構成され、有意味感はSOCのエンジンとなる要の感覚です。

3つの感覚は独立したものではなく、車の両輪のようなもの。処理できれば把握できるようになり、把握できれば処理できると確信できるようになりますが、有意味感がないことには始まりません。

SOCは3つの感覚で構成される

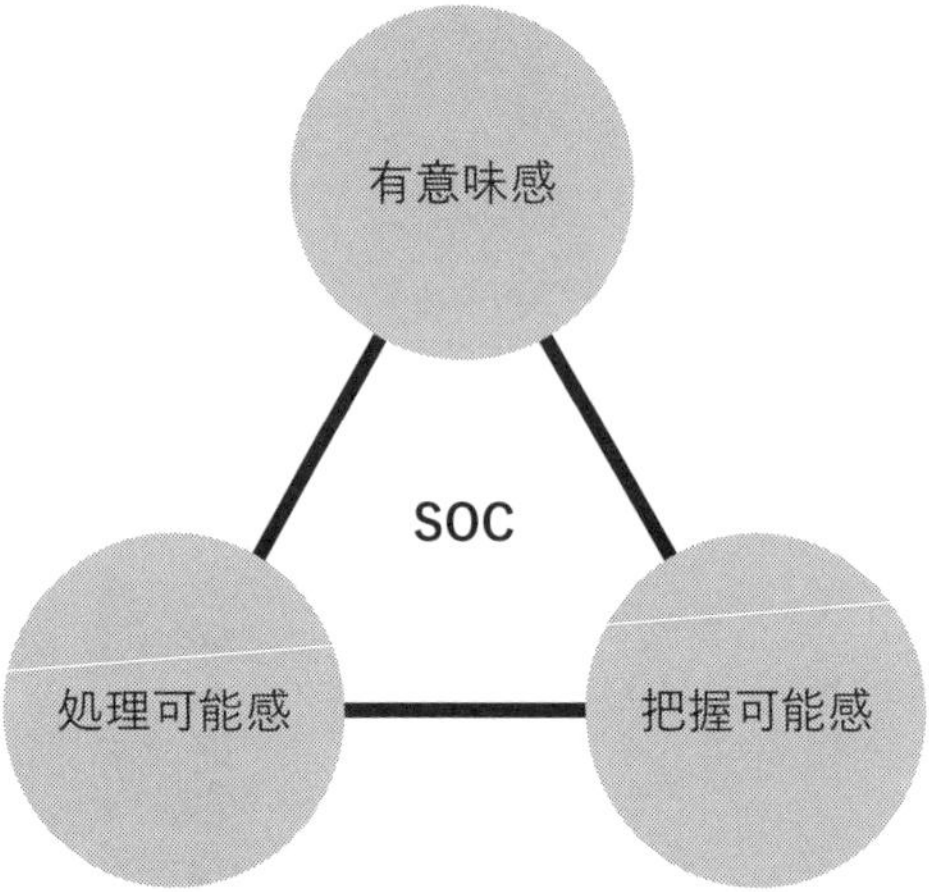

把握可能感（sense of comprehensibility）

自分が直面した困難を把握したり、予測できる感覚
あるいは理解できる
⟶「やはり来たか、そうなると思っていた」

処理可能感（sense of manageability）

直面した困難に対処できる、問題解決できる感覚
⟶「なんとかなる、なんとかやっていける」

有意味感（meaningfulness）

日々の生活を送る中で出会った出来事や困難が、
自分にとって意義や価値があり、あるいは
挑戦とみなせる感覚
⟶「これは私への挑戦だ！」

人は「これを成し遂げることには意味がある」と思えるからこそ、困難に立ち向かおうとする。「自分がここにいることは意味がある」と思えてこそ、困難を把握しようと考え、どうしたら処理できるか？　と具体的に動きます。

今を生きる「私」たちの有意味感が喪失してしまったのは、日本の社会構造、すなわち日本的マゾヒズム、壊れないジジイの壁、さらには壁の向こうに巣食う権力者が原因です。しかし、「私の半径3メートル世界」の有意味感を高めることは、「私」にもできます。会社のジジイの壁を崩壊できなくとも、一億総モラトリアム社会と化した日本を変えられなくとも、半径3メートル世界なら「私」が勇気を出して、主体的かつ具体的に働くだけで変わります。

「私」の有意味感を高める行動が、周りに影響を与えるストーリーを描いた作品があります。2022年にイギリスで公開された映画『生きる　LIVING』です。

カズオ・イシグロが追加したメッセージ

『生きる　LIVING』は、1952年に公開された黒澤明監督の映画『生きる』をノーベル文学賞作家のカズオ・イシグロさんの脚本でリメイクした作品です。2023年のアカデミー脚本賞にノミネートされたのでご存じの方は多いと思います。

黒澤明監督の『生きる』は、ある日、胃がんで余命宣告を受けた市役所に勤める渡辺勘治が主人公です。渡辺は真面目だけが取り柄の無骨な人。日々の業務はしっかりこなしますが、熱意もなければ、自分から主体的に考えて動くこともない。マニュアルどおりに動くだけの〝公務員〟です。

そんな渡辺が余命宣告を受け絶望し、今までやったこともないような無茶をし、貯めた貯金を使いまくります。しかし、ぽっかりと空いた心の穴はちっとも埋まりません。そんな中、転職を予定する部下の女性と食事をするうちに彼に変化が生まれます。人生の意味を取り戻そうと、住民から何度も要望された公園づくりに奔走し、周りの職員たちも次第に心を動かされていく……というストーリーです。

そこにイシグロさんは、原作にはない結末を加えました。主人公のウィリアムと共に公園づくりに奔走した新人の公務員ピーターが、ウィリアムが亡くなった後もその思いを継ぎ、役所が変わる予感を感じさせる余韻を残します。ウィリアムがきちんと働いたことで、「半径3メートル世界」が変わったのです。

おそらくイシグロさんは「どうせ何も変わらないし」とあきらめるのは簡単だけど、ささやかな行いでも力を尽くせば、それが次世代の扉を開けると伝えたかったのではないでしょうか。有名にならずとも小さな英雄になれる、と。

これぞ有意味感。「私はここにいる。なんかいいかも」と誇りに思える感覚です。

第5章

脱「働かないニッポン」のためにできること

有意味感を強くするための6カ条

ドロレスというウェイトレスが守る矜持

有意味感をもう少し理解していただくために、あるウェイトレスの女性のお話をします。
彼女は週6日、夕方の5時から午前2時まで、23年間同じ高級レストランで働くシングルマザーです。ウェイトレスになったのは「おカネをてっとり早く稼ぐため」。しかし、ウェイトレスの仕事は想像以上にタフで屈辱的。肉体的な疲れ以上に彼女を疲弊させたのが、高級レストランに来る客たちの〝まなざし〟でした。

「『あんたはすごいね。どうして〝ただ〟のウェイトレスなんかなったの?』という。〝ただ〟のウェイトレスね、で、私はこういうのよ、『あらまあ、あなたは私の給仕をうけるにふさわしいって思ってないんですか?』」——

彼女は屈辱にがまんできません。それでも決してウェイトレスを辞めないのは「誰にでもウェイトレスだと胸を張って言える」仕事への誇りです。

「私は（皿をテーブルにおくとき）音をたてないようにやってるわ。給仕の時は手の方はちゃんとやりたいのね。グラスをつまむ。それもちゃんとしたいのよ。」「お客さんも私を指名するのね。（中略）じっと待っててくれる人もいるのよ。そんなことってすごくうれしいのよ。」「疲れる仕事よ。神経も使うし。（中略）本当に我慢のしどおしよ。」と涙ぐみながらも、「みんなに満足してほしいのよ。」とほほ笑みます――。

（スタッズ・ターケル著、中山容訳『仕事！』晶文社、P372－376）

彼女の名前はドロレス・デイント。オーラル・ヒストリーと呼ばれる独自のインタビュースタイルを確立したジャーナリスト、スタッズ・ターケルが、115の職業、133人の働く人たちの語りで構成した名著"Working!: People Talk About What They Do All Day and How They Feel About What They Do"（邦訳『仕事！』）に登場する一人です。

私は自著でたびたびドロレスの語りを引用してきました。これほどまでに「個人的な生活体験の奥深くに隠れている有意味感の正体に触れるストーリー」はないからです。

ドロレスがウェイトレスになったのはおカネを稼ぐためでしたが、ドロレスはおカネを稼ぐためだけに働いていません。彼女は自分の〝舞台〟を最高にするために、お皿の音をたてず、グラスを優雅につまみ、テーブルや椅子の間をまるでバレリーナのようにしなやかに通り抜けます。自分の客に美味しい料理を食べてもらいたいので、コックやバーテンダー、ボスや同僚とも仲良くします。客からもらったチップをその場で見ると卑しくなるので、ポケットにサッとしまいこみます。

夜が終わればステージの幕は下り、くたびれはてた体でベッドに倒れ込む。翌朝、チップを数え、必要なおカネを分け、帳面をつける。その繰り返しが、ドロレスという一人の女性の存在の土台なのです。

「死んだままの月曜から金曜」ではない仕事とは？

“Working!”という、このとてつもなく分厚い一冊にインタビューをまとめたターケルは、「この本は日々の屈辱についての本」であると同時に、「日々の糧と同時に日々の意味、現金と同時に人から認められること、つまり死んだままの月曜から金曜ではなく、なにかしらの生き甲斐を求めることについての本だ」と説明します。

１３３人の働く人の中には数こそ少ないものの、日々の仕事に魅力を発見している幸せな人がいました。彼ら・彼女らに共通していたのは「賃金以上の、それを超える立派な仕事をしようとする意思だ」とターケルは断言します。

僭越ながら私見を加えると、その意思を貫くには「あなたのことをちゃんと見てるよ」とメッセージを送ってくれる他者が不可欠です。いつもじゃなくていい。年に数回でもいい。「あなたのことをちゃんと見てるよ」というメッセージがあればなんとかなります。「あなたがいてくれてよかった」と感謝されたり、「あなた頑張ってるね」とねぎらわれたりするだけで涙が出る。報われた、また頑張ろう、うん頑張ろう、と次の日もいつもどおり職場に向かうことができます。「もう無理！」と心が折れそうになった時も、メッセージの送り手の顔を思い浮かべるだけで「もう1日だけ頑張ってみようかな」と奮起できます。

仕事とは不思議なもので、適当にやっていると大したことは起こりませんが、バカがつくほど真面目にやっていると、必ずエールを送ってくれる人に出会います。世の中、決して思いどおりにはなりませんが、本当に、本当に捨てたもんじゃないのです。

他者からの声かけは心理的報酬と呼ばれ、「私」が考える以上に「私」に自信と「私の仕事」への誇りをもたらす、貴重なご褒美です。

……「仕事」って、結局こういうことだと思うわけです。

仕事とは「私」と「他者」をつなぐものであり、「私」は「他者」と関わることでしか有意味感＝自分の存在意義や価値を認識できません。心理的報酬は働く人だけが手にできる、人生の宝物です。

有意味感を強くするための6カ条

では、どのように働けば有意味感を強められるのか？

どのように働けば「私はここにいる！」と思えるのか？

どのように他者と関われば、「私はここにいていいんだ！」と他者を勇気づけられるのか？

それらのヒントを6カ条にまとめました。ぜひ、実践してください。


――有意味感を強くするための6カ条――

第1条　「普通」を疑う

第2条　仕事はカネのためだと考えない
第3条　仕事にやりがいを求めない
第4条　年齢を言い訳にしない
第5条　信頼されようと思わない
第6条　愛をケチらない

さて、この6カ条を一つひとつ説明していきましょう。

【第1条　「普通」を疑う】

「自分を認めてほしい」という欲求は誰にでもありますが、どんなに『すごい！』「さすが！」と称賛されても、それが「本当の自分」じゃなければちっともうれしくありません。

では、本当の自分って何なのか？　ってことになるわけですが、分かりそうで分からない。「私は二重人格どころか三重人格かも」と思うこともあれば、「○○さんと仕事してる時の自分は好きだけど、××と一緒の時は自分でも情けなくなるほどセコイやつだ」と自己嫌悪に陥ることもある。それでいて「自分らしい働き方をしたい」などと自己啓発本を読み漁ったり、自分探しの旅に出たりもします。本当の自分を見つけたいだけなのに、謎は深まるばかりです。

しかし、健康社会学的に考えれば、「自分」は常に謎で、曖昧です。「本当の自分」に辿り着くには、少々根気がいります。なぜなら「私」は、「自己」と自己を取り巻く「環境」との相互作用で存在するからです。

左図は「私」のイメージです。

ここでの自己とは「自分がある」「自分がない」という表現で使われる「自分」とほぼ同義です。「強い自己＝自分がある人」は自分を取り囲む環境と共存し、半径3メートル世界の他者に頼ったり頼られたりし、影響を受けたり影響を与えたりしながら「私」を確立します。

一方、「弱い自己＝自分がない人」は常に「どういう私なら評価されるんだろう」「どうすることが正解なんだろう」と外に正解を求め、他者評価に依存します。「本当の私はこんなんじゃないんだ！」とふと己の声が聞こえてきたり、自分の存在の手応えを感じられず、「何の

「私」の概念図

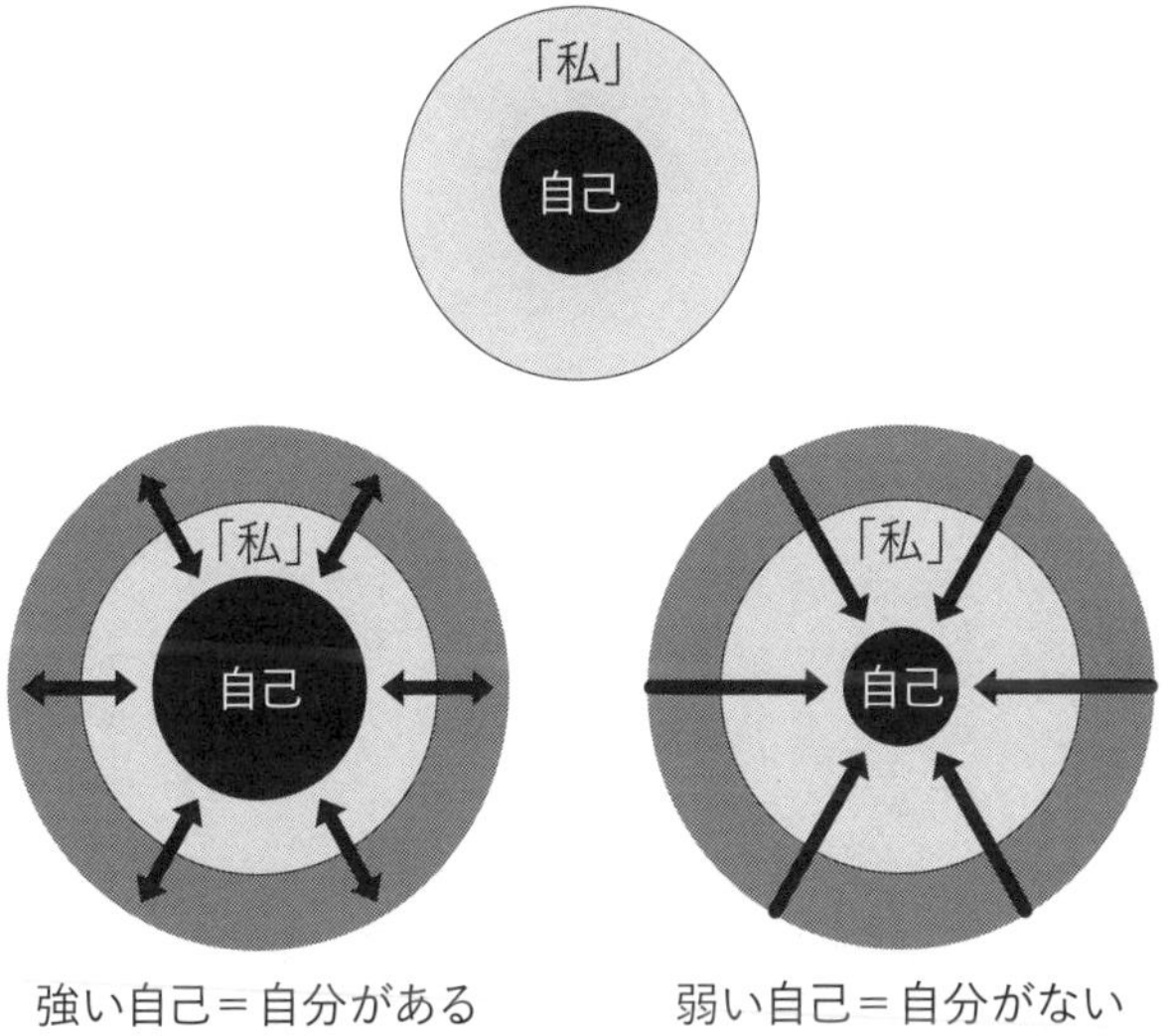

ために生きてるんだろう？」「私がここにいる意味ってあるのかな？」などと気持ちが内向きになったり、ときには生きているのがつらくなったりもします。

自分の存在の手応え、だなんて奇妙な言い方ですが、「自己」とは、自分ではコントロールできないつかみどころのないものであると同時に、「自己」を他者が勝手に変えたり、所有したりすることはできません。

自己は「玉ねぎの芯」のようなものだと考えるといいかもしれま

せん。

実際に玉ねぎの皮をむいていくと、次第に玉ねぎの白さとみずみずしさが増し、最後に残るのは小さくて、真っ白で、柔らかい米粒ほどのちっちゃな「玉ねぎの芯＝自己」です。玉ねぎとは思えないほど美しく輝いています。この輝きは「私」の無限の可能性です。

ところが、この美しい輝きを皮がどんどんと覆うのです。これが「社会化」です。

社会的動物である人間には、社会的役割を演じつつ自己アイデンティティを確立するというプロセスが組み込まれているので、社会の価値観や世間の常識などを身につけていくうちに、自己＝玉ねぎの芯の周りを皮が覆うようになり、芯があるのかさえ分からなくなります。

小さい頃は親や学校の先生の期待に応えるように頑張り、学生になってからは仲間外れにされないように求められるキャラを演じ、大人になってからはいったん乗ったレールから外れないように、無難な働き方、普通の生き方に安心を求めるようになっていくのです。それに拍車をかけるのが、誰が決めたか分からない「正解」があふれる今の日本社会です。

若い世代が「普通」を基準に生きていることは第1章で書きましたが、昭和おばさんや昭和おじさんだって若者ほどでなくとも「普通」を拠り所にしています。むろんそれは必ずしも悪いことではありません。社会のシステムに適応して、普通に生きる方が安全に暮らせるかもしれないのです。

でも、それが自分の可能性を制限していることや、生きづらさになっていることに「私」は気づいていません。

そこで「普通を疑う」です。

当たり前のように毎日ぎゅうぎゅうの満員電車で会社に行くのはおかしい、大学を出てすぐ就職するのはおかしい、有給休暇を全部消化しないのはおかしい……。そうやって毎日の当たり前を「これっておかしくないか？」と意識し、その「おかしい」を言葉にしてみてください。ときには、「自分、これでいいのか？」と自分のことも疑ってください。

900人以上のビジネスパーソンをインタビューしてわかったのは「人は自分の考えや意見、自分が決めたことを話す時、いい目をする」です。

私が「え！　そうなんですか？」と興味を示し、「へ〜、それでそれで？」と突っ込めば突っ込むほど目力が増します。「そこ、ちょっと分かりづらい。どういうことですか？」と掘り下げると、「えっと……」と言葉に詰まり、答えを必死に考える時もっともっといい目になる。

そして、大抵、インタビュー翌日に「サンクスメール」が届きます。

「自分のやるべきことがクリアになりました」「もう一踏ん張りします」という人もいれば、「大学院を受験することにしました」「転勤願いを出すことにしました」という人もいました。人に「おかしい」を話すと、息苦しさになっていた皮がツルッとむけるのです。

玉ねぎの皮を一枚一枚むいていくプロセスは、自分らしさを手に入れることであり、成熟した大人になる作業です。それは同時に「自分の生きざまに責任を持つ覚悟」です。

【第2条　仕事はカネのためだと考えない】

これだけ働くことについて書き連ねていてなんですが、根本的なことをいえば、人は生活をするおカネを稼ぐために働いています。

しかし、「おカネのためだけに働く」ようになると、自分の生活世界を支えている大切なものを見失います。

人は「仕事」「家庭」「健康」という3つの幸せのボールを持ち、これらを一つも落とさずに、ジャグリングのように回し続ける働き方・働かせ方をしないと幸せにはなれません。

これをアントノフスキーは「境界＝boundary」という概念で説明しました。境界は「人生において個人が主観的に重要と考える領域」を意味します。境界を一切持たない人は生きる力が弱く、その人のＳＯＣが高くなる見込みは絶望的なほどにないとアントノフスキーは説きます。

私たちは境界の内側にある「自分の人生にとって大切なもの」を握りしめていたいと願うからこそ、いかなる困難や苦悩に遭遇しても最善を尽くし、大切なものが境界内にちゃんとあることで幸福感を手に入れることができる。境界＝私の生活世界を支える大切なものこそが「仕事＝社会との関わり」「家庭＝身近な人とのつながり」「健康＝生命の尊さ」の3つの幸せのボールです。

どんなにおカネを稼いでも、大切な人がいなけりゃ幸せになれません。健康を損なったらおカネを稼ぐこともできなくなります。家庭も大切な人もいない人生は曖昧な不安や虚しさを掻き立て、やがて自分が存在する意味さえも分からなくなります。

大切なものは目に見えません。空気、希望、愛……、すべて目で確かめることができないものばかりです。しかし、この目に見えないものに「私」が支えられていることを忘れてはいけないのです。仕事だけが人生じゃない。ときには家族や大切な人のために、ときには健康のために、ぼんやりと過ごしてください。

ここでみなさんに、今やってほしいことがあります。未来の記憶づくりです。ペンとメモをご用意ください。そこに理想とする「5年後の自分」「5年後の仕事」「5年後の家庭」を書き、机の前や手帳の中などの、ふと気づく場所に貼っておいてください。

未来の記憶づくりなんて奇妙に思われるかもしれませんが、私たちの生活は日々選択の連続です。何を着るか？　何を食べるか？　週末どこに遊びに行くか？　どんな本を買うか？

など決める際に、無意識に脳に記憶された欲求に沿った選択をします。「カネを稼がなきゃ」と仕事に躍起になるあまり、家庭や健康のボールを落とさないよう未来の記憶を時折見直してください。

そして、もう一つ。「今まで会社のために頑張ってきたから、これからは楽させてもらうよ」だの、「頑張っても給料はびた一文上がらないから、自分のことだけ考えて楽にやるよ」だのと言い訳する働かないおじさんは、「仕事」のボールを完全に手放しています。

仕事との向き合い方をちょっと変えるだけで、「仕事」のボールを再び回すことができます。このあと、いい感じでジャグリングできるヒントをお教えしますので参考にしていただければと思います。

【第3条　仕事にやりがいを求めない】

「自分に合ってない」「やりがいを感じられない」と会社を辞める若者がいます。「やりたいことだけやる」「やりがいが感じられる仕事だけする」という言葉に魅了されるおじさん・おばさんもいます。

しかし、いくつになろうとも、やりがいがあるとかないとか、自分に合ってるとかないとかに関係なく「やらなくてはならない」仕事で日常は回っています。

以前、ある企業の社長さんが「就活中の娘に『お父さんに社長業って合ってるの？』と聞かれ戸惑った」とぼやいていたことがありました。確かに改めて問われると、自分に合う仕事が何かさえ分からない。私はこうやって文章を紡ぐ仕事をしていますが、自分に合っていると思ったことはあまりありません。日本語おかしいし、奇妙なリズムだし、ワンフレーズ書くのに1日以上かかることもあります。

それでも書き続けてきました。正確には、書き続けられています。「書く機会をくださった人たちに応えるには、あれこれ考えずに必死に自分の言葉を紡ぐしかない」と、引き受けた目の前の仕事を一つひとつ懸命にやっているうちに何十年も経ってしまいました。


仕事とは不思議なもので、自分にベクトルを向けるより「誰か」に向けた方が案外うまくいきます。仕事のチャンスをくれた人とか、自分の仕事を待ってくれている人とか。ただただ「誰かの役に立てばいいなぁ」「誰かが笑顔になればいいなぁ」と、自分の仕事の先にいる「誰か」をイメージしながら仕事をしていると、自分の考え方とかがだんだんと分かってきて、ちょっと成長したかも！　玉ねぎの皮がむけてるかも！　と感じることもあります。

大切なのはいったん仕事を引き受けたら、きちんとした仕事をすることです。やりがいを求めたり自分に合っている仕事を見つけようとするよりよほど簡単です。

【第4条　年齢を言い訳にしない】

年齢を重ねると「もう若くないし、背負ってるものも多いし」などと年齢を理由にあきらめたり、うまくやる自信がないと「もうそんな年じゃないし」と自己防衛に走りがちです。「どうせ女だし」「どうせ二流大学だし」「どうせ大企業じゃないし」と自分の属性を言い訳にすると卑屈な感じがしますが、年齢のせいにすると「自然の摂理」というか、ときには「謙虚な人」に思えたりするから不思議です。

しかし、半径3メートル世界を動かすと、その言い訳がたちまち通じなくなることがあります。ある60代後半の男性は、友人に誘われ草野球を始めたところ、チームの最年長は83歳。まさかまさかの最年少です。「会社ではもう、お呼びでないって感じだったのに、ここでは『頼れる若手』です。老人気分になってる場合じゃないと反省した」と笑っていました。

また、ある20代後半の男性の経験も興味深いものでした。

彼は昇進レースで同期に後れをとった上に、本社から地方に転勤になり落ち込んでいたそうです。ところが転勤先の支店で、いつものペースで仕事をしていたところ、「やっぱり本社にいた人は格が違う」と支店最年長のお局さんに褒められました。その噂を聞きつけた上長は彼をプロジェクトリーダーに大抜擢。「ここにきて初めて、自分にも長所があったと気づきました。几帳面にやりすぎて仕事が遅いって怒られていたのに、ここでは『安心して任せられる』って言われるんです」と、彼もまた笑っていました。

彼らの経験が教えてくれるのは、属性や他者のまなざしに縛られるバカバカしさです。確かに属性で制限されることは山ほどあります。50歳になった途端に役職を奪われたり、女だからという理由で出世できなかったり、若いからという理由でチャレンジさせてもらえなかったり、学歴でフィルターをかけられたり。しかし、半径3メートル世界=環境が変われば、新しい「私」に出会えます。

しかし、そこでうまくやり続けるためには「境界」の入れ替えが不可欠です。

昭和世代なら誰もが知るフィギュアスケート界のレジェンド、伊藤みどりさんといえば「トリプルアクセル」です。１９８８年のＮＨＫ杯で、女子選手として初めてトリプルアクセルに成功。92年のアルベールビル五輪ではトリプルアクセルを決め銀メダルを獲得し、同年4月「これ以上頑張れないなと……区切りにしたいなと思った」と引退しました。しかし、実は今でも国際舞台で活躍する〝現役スケーター〟なのです。

ドイツで毎年開催される「国際アダルト競技会」を見て、スケート観が変わったのがきっかけでした、アダルト大会の参加者たちは、ぽっちゃりした人でも、年齢を重ねた人でも「滑りたい」という実にシンプルな理由で滑っていました。そこで41歳の伊藤さんも「自分が滑りたいスケートを見せよう」と、大会に現役復帰。ダブルアクセルを決め、会場は大いに盛り上がったそうです。

ところが、再び「年齢の壁」にぶつかります。40代最後の大会で2回転に挑むも大失敗。ショックを受け練習する意欲を失ったそうです。が、やっぱりスケートを続けたいとの思いから、表現力が重視される部門に枠変えをしました。そこでの大きな歓声と拍手が、今の伊藤さんのやりがいになっているそうです（参考：NHK「トリプルアクセルは跳べなくても〜伊藤みどり50代の挑戦」）。

伊藤さんは境界にあった「トリプルアクセル」をダブルアクセルに入れ替え、さらには「表現力」に入れ替えました。自分で制限しなければ、可能性は無限に広がっていくのです。

【第5条　信頼されようと思わない】

有意味感は他者と関わる中で高まります。この関係性を支えるのが「信頼」です。

ところが、日本人は信頼関係を作るのが苦手です。「人を見たら泥棒と思え」ということわざがあるように「この人を信頼していいものか?」と疑ってみたり、信頼するより信頼される人になることにプライオリティを置いたり。自分の不利益を恐れてしまうのです。

しかし、親密になるだけが信頼ではありません。相手を自分と同じ「人」として受け入れるのも信頼です。例えば欧米の人たちは初対面の人と「握手」をします。役職や社会的地位、国籍、文化や価値観の違い、性別は一切関係なく相手を受け入れてみる。その行為が握手です。

米最高裁の史上二人目の女性判事、ルース・ベイダー・ギンズバーグさんは「自分から手を伸ばして握手すること」をとても大切にしていました。ルースさんは１９９３年にビル・クリントン大統領（当時）に指名されてから２０２０年に死去するまで、連邦最高裁判事として、性差別の撤廃などを求めるリベラル派判事の代表的存在としてアメリカで大きな影響力を持った女性です。彼女は「ＲＢＧ（名前の頭文字）」と若者たちから呼ばれ、党派、性別、年齢を超え87歳で亡くなるまで絶大な人気を誇りました。

ルースさんの人生を描き話題になった映画『ＲＢＧ 最強の85才』に、彼女の人柄を象徴する言葉がありました。

「私たちは毎日、判事席に着く前に一人ひとりと握手をして回ります。法廷がうまく機能するには、お互いが敬意を払い、好きになる方がいいのです」

敬意とはまさに自分と同じ「人」として受け入れること。「あなたを信頼します」というメッセージです。人は信頼されるから相手を信頼します。いつだって信頼の切符を持つのは

「私」自身です。握手をする風習がない日本ですから、朗らかな笑顔で「よろしくお願いします」と頭を下げるだけでいいと思うのです。

「この人は本当に素晴らしい人だ」と感じたら関係を深くすればいいし、「この人の人柄はあまり好きになれない」という感情が芽生えたら、深い関係にならなきゃいい。信頼しないで裏切られるより、信頼して裏切られた方がいいと思うと、案外楽に人を信頼できます。

【第6条　愛をケチらない】

もうずいぶんと前になりますが、社会人を対象に『ストレスで成長しよう！』というテーマで講座を持っていた時に、受講生の方がこんな受講理由を話してくれました。

「45歳で課長に昇進して最初に任された職場で、部下が自殺したんです。あまりに突然の出来事で、自分も、会社も、彼のご家族も、ただただ驚くばかりでした。なぜ、彼が死を選ぶほど追い詰められていたのか？　必死に考えましたけど、思い当たることがない。だから余計になぜ死んでしまったのか？　と悩み続けました。

彼が亡くなってずいぶんと経ってから、ある会話を思い出したんです。飲みに行った時に彼が『自分がいなくとも、仕事って回るんですよね』ってボソッとつぶやいた。当時、私は課長という立場になかなかなじめず悩んでいたので、『課長がいなくともチームは回る。そういうチームを作ることができればリーダーとしては成功なんだろうね』と彼の言葉をそのまま自分に置き換えてしまった。

もし、私が『キミがいなくなったら困る』と彼に言っていたら、もっと違う結末になっていたんじゃないかって。彼がいなくなってから私も会社で色々とあって、居場所というか、自分の存在意義を感じられない経験を何度かしました。それで、やっと彼の言葉の重さに気づきました。そして、自分を責めた。私は自責の念に苦しみました。で、やっと部下の死を受け入れることができるようになった時に『ストレスで成長しよう！』というタイトルを見て、自分を追い詰めるばかりではなく、成長につなげたいと思ったんです」

自分がいなくても、誰も困らない――。

そんな思いに駆られることは誰にでもあります。自分がそこにいるのにいないような、周りに人がたくさんいて、決して孤立しているわけじゃないのに、自分の存在意義が感じられない。その空虚な瞬間は、大抵、ささいなことがきっかけです。

例えば、自分だけ忘年会の日取りを知らなかったり、自分だけ新しいプロジェクトの話を聞かされてなかったり。あるいは、打ち合わせで誰とも目が合わないことで妙に不安になったり。ホントは目くらい誰かと合っているのでしょうけど、その場の空気が自分だけを排除しているような気分になってしまうのです。

自分の存在意義が感じられないことほど虚しいことはありません。もちろん件の男性の部下が何に絶望し、なぜ、悲しい選択をしたかは分かりません。しかし一方で、自分という存在への情けなさや不甲斐なさは、ときとして他者の言葉で消すことができます。

フロイトはなぜ、「Love and work. Work and love. That's all there is.（愛と仕事、仕事と愛、それが人生のすべて）」という言葉を紡ぎ、それが時代を経て受け継がれているのか？

愛も仕事も他者とつながることだとフロイトが考え、この考えに人々が共感したからではないでしょうか。

「人」は他者とつながることで生き残ってきました。誰かとつながらずにはいられない欲求は、私たちの心の奥底に深く深く刻まれています。

愛と働くことは人が生きるために不可欠な両輪です。と同時に、他者に無償の愛を与える心が「人」には存在します。ですから、たった一言でも、たった一瞬でもいいので、「あなたは大切な人」というメッセージの送り手になることをケチらないでほしいのです。

Compassion という言葉があります。これは“a strong feeling of sympathy for someone who is suffering, and a desire to help them”、直訳すると「他者の苦しみや不幸に対して同じように心を痛め、力になりたいという気持ち」です。

ゴリラ研究の大家であり、総合地球環境学研究所所長の山極壽一さんによると、Compassion は、人間だけが持つ愛のカタチだそうです。

「対面のコミュニケーションで社会を作ってきたヒト」は、互いに見つめ合う中で「共感(empathy)」という感情を育み、「同情（sympathy＝相手がやろうとしていることを理解し、助けようという気持ち)」を持つようになりました。

さらに、人間には相手が向かおうとしている方向性や課題を、一緒に見よう、一緒に解決に向けて努力をしようという心（compassion）を持っていて、これが人間だけが持つ「無償の愛」につながったそうです。（日経ビジネス電子版　河合薫・山極壽一氏対談『昭和おじさん社会はサルにも劣るのか』より）。

サルやゴリラにも子供を愛しむ感情はありますが、赤の他人に愛をそそぐのは人間だけ。人だけが名も知らない人の幸せを願い、誰かが幸せになっただけで自分のことのように喜びます。つまり、人の本性は「愛」です。だからこその半径3メートル世界です。半径3メートル世界という自分で選り好みできない世界で「愛」をケチらないでください。

たまたま配属になったチーム、たまたま隣の席になった同僚、たまたま上司や部下になったメンバー、たまたまお店に来たり、たまたま商品を買ってくれたりしたお客さんなどなど……、それを日本人は「縁」と呼びました。

縁にあるのは相手を思いやる気持ちだけ。相手に尽くすことでもなければ、義理を果たすことでない。誰かにいいことがあったら「おめでとう」と言い、誰かが苦しんでいたら「何か手伝おうか？」と声をかける。たまたまの「仕方がない人間関係」の中でこそ愛をケチらないでほしいのです。愛は人の本性なのですから、愛をばら撒いても減ることはありません。どうかどうか、ご安心ください。

私が私でいるために不可欠なもの

さて、最後に、私がなぜここまで「働くこと」にこだわるのかをお話しします。

私はこれまで「働きたい！」と願う人に、何度も遭遇しました。

「がんサバイバーを雇ってくれる会社がない、でも働きたい」と願う50代の女性、「私の夢は元気になってもう一度タイムカードを押すことです」と話す闘病中の40代の男性、「カネのために働いてるなんて、仕事があるのが当たり前の人しか言えねえんだよ」と必死で仕事を探し回る生活保護受給者たち、「のんびり暮らそうって思っていたのに無性に働きたくて。ここで働かせてもらってんの」と笑う定年退職した男性……。

驚いたのは、私の母まで80歳近くになって「働きたい」と言い出したことです（一度も就業経験なし）。

父が他界し〝専業主婦〟失業の身になって3年ほど経った頃の出来事でした。「おカネはいらないから働きたい」と。「いやいやこっちが逆に払わないと雇ってもらえないよ」と説き伏せましたが。

「仕事」が日常にあると、ラクすることを願います。ところが、仕事の境界線上に追いやられると、多くの人が「働きたい」と願う。なぜなのでしょうか？

「私は生きていていいんだ」と自分を励ますには、「自分は社会の一員である」と思える〝何か〟が必要だった。それが「働きたい」という感情を煽動したのです。やるべき仕事がある、という現実は「私」が考える以上に「私が私でいるために」不可欠なのです。

脱「働かないニッポン」への第一歩を踏み出す

私もかれこれ30年以上働いています。働いているとイヤなことが山ほどありますが、人から感謝されたり、誰かの役に立ったことを実感した時はやっぱりうれしかった。自分には無理だと思っていたことができたり、自分の力を十分に発揮できた時もうれしかった。

仕事があることでおバカな妄想をしなくて済み、ホッとすることもありました。例えば、本当に例えばですが、ボーイフレンドが浮気しているような気がすると色々と妄想して「探偵」になりがちです。しかし、やるべき仕事があると余計な妄想をしたり、探偵をしようなどと間違ったベクトルへのエネルギーは激減します。

やるべき仕事があったおかげで「何で私はこんなことをしてしまったんだろう」と自分の行動にがっかりせずに済みました。

だから、ちゃんと働ける、のはうれしいことなんだと素直に思います。そう、ちゃんと、です。ちゃんと働く＝信頼されている、愛されている、見守られている、認められていると思えてこそ、「私、生きてていいんだ」と有意味感が維持され、ちゃんと働ける日常があってこそ「世界は最終的に微笑んでくれる」と確信できます。

「働かないニッポン」では、ちゃんと働けていません。

しかし、ちゃんと働けば、人は社会のメンバーの一員として、ニッポンのために頑張ります。いや、主語が大きすぎます。誰かのために頑張ることを惜しまない、というか力になりたい、と自然と思います。

だってちゃんと働いていると「自分だけでできることなどない」ことが分かるから。

「私」にエールを送ってくれた人、「私」をサポートしてくれた人、「私」にチャンスをくれた人……そんな他者の存在に気づき、自分も……と思います。

そしてもし、あなたの半径3メートル世界の人がストレスの雨に濡れていたら「この傘使いなよ」とそっと傘を差し出すことをためらわないでください。あなたも傘がない時は「傘を貸してください」と頼ることを恥ずかしがらないでください。一人きりで頑張らなくていいのです

多種多様な温かい半径3メートル世界が広がれば、光のある社会ができあがります。それはまさに「あなたは大切な人」というメッセージがあふれ、「私がここにいる！　なんかいいかも」とたくさんの人がほくそ笑む＝有意味感がある、ＳＯＣの高い集団なのです。

この本を書く機会をくださった
日経BPの編集者・長澤香絵さんと、
最後の最後まで「母親」という仕事の尊さを教えてくれた母に、
心より感謝します。ありがとう。

本書は日経ビジネス電子版に連載中の「河合薫の新・社会の輪上司と部下の力学」に大幅な加筆・編集を行い、新書化したものです。

河合 薫 かわい・かおる

東京大学大学院医学系研究科博士課程修了。千葉大学教育学部を卒業後、全日本空輸に入社。気象予報士としてテレビ朝日系「ニュースステーション」などに出演。その後、東京大学大学院医学系研究科に進学し、現在は「人の働き方は環境がつくる」をテーマに学術研究にかかわるとともに講演や執筆活動を行う。著書に『他人をバカにしたがる男たち』『40歳で何者にもなれなかったぼくらはどう生きるか』『50歳の壁　誰にも言えない本音』など。

日経プレミアシリーズ｜507

働《はたら》かないニッポン

二〇二四年一月一〇日　一刷
二〇二四年二月　一日　二刷

著者　河合　薫
発行者　國分正哉
発　行　株式会社日経ＢＰ
　　　　日本経済新聞出版
発　売　株式会社日経ＢＰマーケティング
　　　　〒一〇五―八三〇八
　　　　東京都港区虎ノ門四―三―一二
装幀　三森健太（JUNGLE）
組版　マーリンクレイン
印刷・製本　中央精版印刷株式会社

ISBN 978-4-296-11818-2　Printed in Japan

日経プレミアシリーズ 506

男子系企業の失敗

ルディー和子

日本企業が長期停滞したのは、中高年男性が主導権を握る、同質性集団だったから⁉　激動期に30年も現状維持を選択した「サラリーマン社長」の生態をはじめ、新卒一括大量採用、終身雇用制度がもたらした弊害などを、社会心理学や行動経済学など豊富な学識をベースに、さまざまな実例も交え解説するユニークな読み物。

日経プレミアシリーズ 504

「正義」のバブルと日本経済

藤井彰夫

「地価を下げることこそ正しい」「銀行救済に税金投入はけしからん」「弱い中小企業は皆救うべきだ」「堕落した官僚は懲らしめろ」「金融政策はあらゆる手段を」「高齢者は弱者、皆で助けよう」――何が「正義」とされ、その結果どうなったか。日本経済長期停滞の真因を新たな視点から探る「物語」（ナラティブ）の日本経済論。

日経プレミアシリーズ 505

株式投資2024

前田昌孝

期待と不安が交錯する2024年の株式市場と投資トピックを、取材歴40年のベテラン証券記者が、独自の取材とデータ分析をもとに解説。日経平均がバブル崩壊後最高値を更新、新NISAの開始で、投資への関心が高まるなかで、マクロ経済環境は一大転換期を迎え、先行きへの不安も大きい。2024年の投資戦略を考える必読書。